MICE攻略法

●魅力ある都市・地域への新たなチャンス●

横浜商科大学公開講座

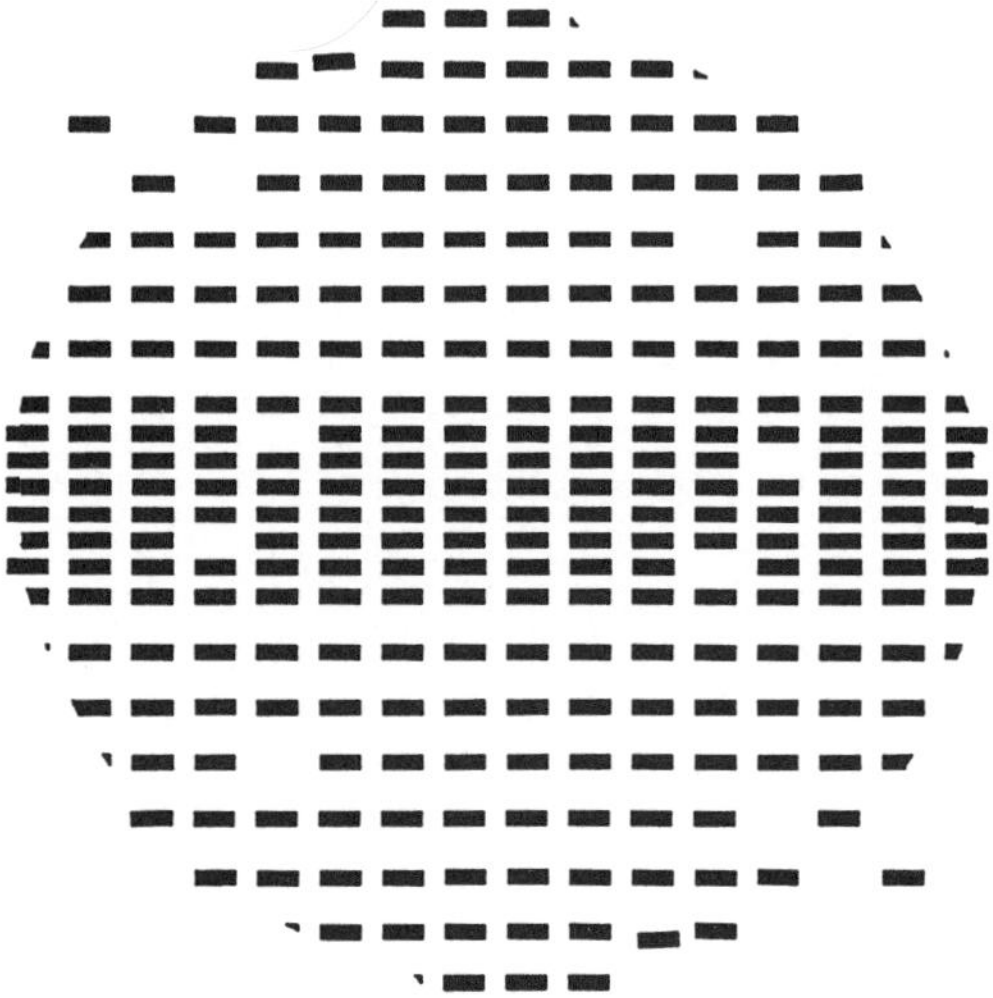

南窓社

はしがき

公開講座運営委員長
竹田育広

本書は、「ＭＩＣＥ攻略法──魅力ある都市・地域への新たなチャンス」と題して、二〇一九年六月八日から七月二〇日にかけて開催された「二〇一九年度横浜商科大学公開講座」（全六回）における講演の内容に基づいて、各回の担当講師が執筆した論文をまとめたものである。

本学の公開講座は、一九八五年に始まり、統一したテーマのもと、研究者がそれぞれの専門領域の見地から講演を担当してきた。二〇一六年度の第三三回からは、本学商学部を構成する三学科が順番に企画を担当してきた。第三六回目を迎える今年度については、観光マネジメント学科が担当することになり、統一テーマを「ＭＩＣＥ攻略法──魅力ある都市・地域への新たなチャンス」とし、各回の担当講師がそれぞれの専門的見地から論じ、講演を行ったものである。

さて、今回の公開講座のテーマであるＭＩＣＥ（マイス）とは、Meeting（会議・研修・セミナー）、

Incentive Travel(報奨・招待旅行)、Conventionまたは Conference(大会・学会・国際会議)、Exhibition(展示会)の頭文字をとった造語で、ビジネストラベルの一つの形態を指すものである。我が国政府は、二〇一〇年を「Japan MICE Year」と定めて以来、ＭＩＣＥ振興に力をいれており、二〇一五年には全国の一二都市が「グローバルＭＩＣＥ都市」に選定され、国からの支援、ならびに各都市での連携強化、自律的な取り組みを進めている。これに加え、人口減少や地元経済の停滞に直面している地域においてもＭＩＣＥビジネスへの参入をきっかけに自らの地域の魅力要素を再確認し、関係人口の拡大、地域活性化に向けて巻き返しを図りたいところである。

今回の講座では、都市や地域がＭＩＣＥビジネスを攻略していくうえで押さえておくべき点について、基礎知識から誘致・開催に関する実践的方法について検討・解説を行ったものである。

こうした問題意識のもとで開催された本講座であるが、全六回とも熱心な受講者の方々にご参加いただき、講演終了後の質疑応答では活発な意見交換が行われた。本公開講座はこのような方々に支えられ、ここまで継続することができているとともに、第一回目からご後援をいただいている横浜市教育委員会関係各位のご支援、ご協力によるものである。この場を借りて、深く御礼申し上げるとともに、感謝申し上げる。

また、本書の刊行にあたり、編集から大変お世話になった南窓社の松本訓子氏、講座の企画、運営、原稿の取り纏めなどさまざまなご協力をいただいた本学関係者各位にもあらためて御礼申し上げるとともに、感謝申し上げる。

最後になるが、昨年十二月に亡くなられた南窓社の岸村正路社長様のご生前の数々のご功績を偲ぶとともに、ご冥福を心よりお祈り申し上げる。

二〇二〇年二月

MICE攻略法　目次

ＭＩＣＥ攻略法

――魅力ある都市・地域への新たなチャンス――

ＭＩＣＥの基礎知識

秋山友志

はじめに

ＭＩＣＥ（マイス）という言葉は造語であり、一九九〇年初頭にシンガポール政府観光局（ＳＴＢ：Singapore Tourism Board）が使い始めたとされる。現在ＭＩＣＥの中でも世界各都市で行われているコンベンション（国際会議）の開催件数は年々増加傾向にある。日本では一九九〇年以降、コンベンション（主に国際会議）誘致中心に、ＭＩＣＥを促進しているが、二〇一〇年を「Japan MICE Year」と制定して、国際会議を中心とした誘致に一層力を入れている。

本稿では、ＭＩＣＥの基礎知識として、ＭＩＣＥの定義や意義、歴史を踏まえた上で、世界

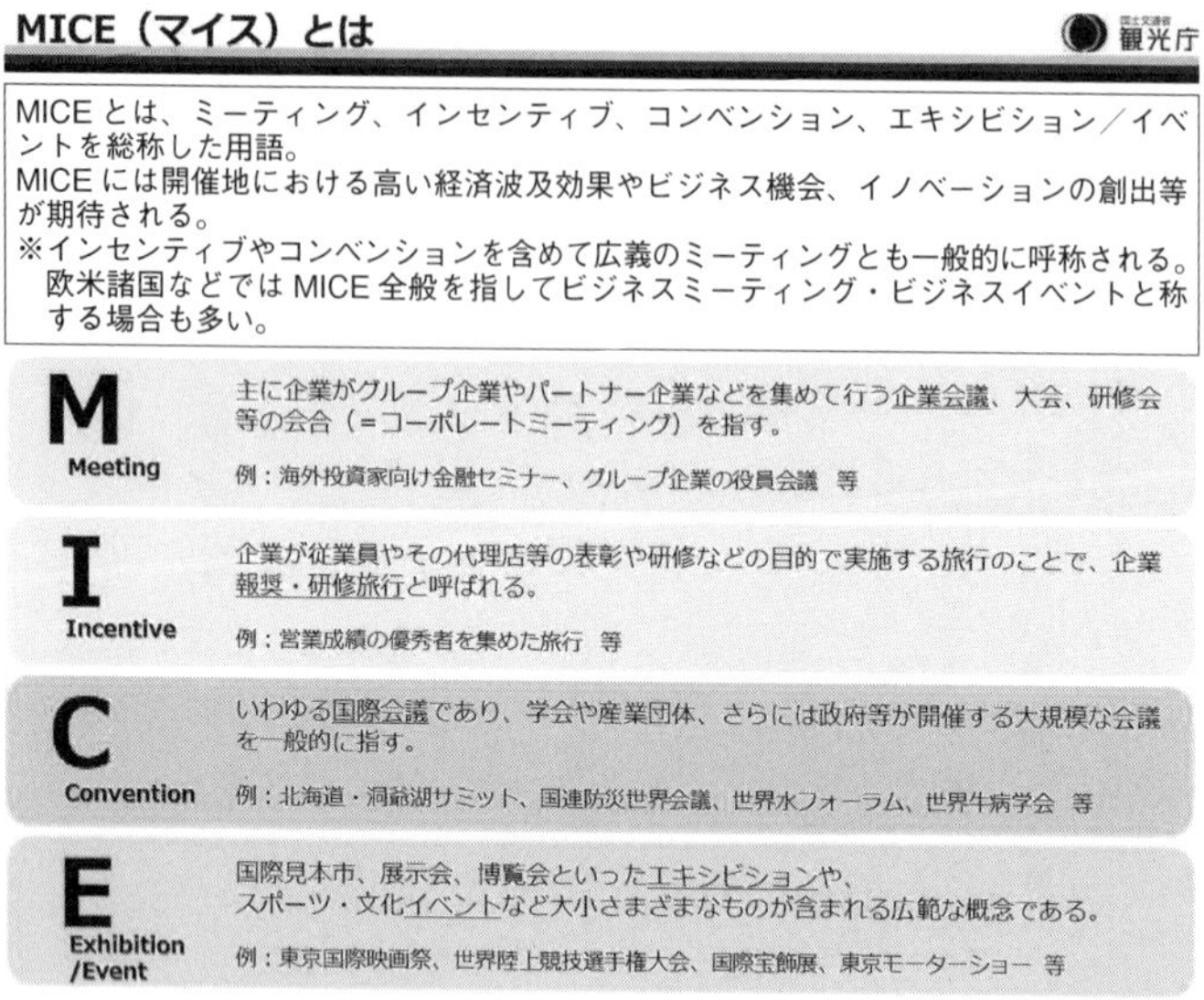

（出典）　観光庁 Webサイト　http://www.mlit.go.jp/kankocho/shisaku/kokusai/mice.html

図1　MICE（マイス）とは

及び日本のMICEの動向に触れていく。また、国のMICEに関する施策やMICEに携わる主催者・運営者、サプライヤー（サービス供給事業者）、MICEに関連する用語やキーワードなどについても解説を行う。

一　MICEの意義と定義

(1)　MICEとは

MICEという言葉は先に触れた通り、造語であるが、次の英語の頭文字を四つそれぞれ取っている。

・M：Meeting（企業等の会議

など）

・Ｉ：Incentive Travel（企業等の行う報奨・研修旅行など）
・Ｃ：Convention（国際機関・団体、学会等が行う国際会議など）
・Ｅ：Exhibition／Event（展示会・見本市、イベントなど）

総じて、多くの集客交流が見込まれるビジネスイベント（複数形でビジネスイベンツとも言う）などの総称である。

(2) ＭＩＣＥの効果

ＭＩＣＥはビジネスイベントなどの特性を持つことから、次のような効果をもたらすことが期待されている。

① ビジネスイノベーションの機会の創造

ＭＩＣＥ開催を通じて世界から企業や学会のメンバーが集まり、ネットワークを構築し、新しいビジネスやイノベーションの機会を呼び込む。

② 地域への経済効果

ＭＩＣＥ開催を通じた主催者、参加者、出展者等の消費支出や関連の事業支出は、ＭＩＣＥ開催地域を中心に大きな経済波及効果を生む。ＭＩＣＥは会議開催、宿泊、飲食、観光等の経済・消費活動の裾野が広く、また滞在期間が比較的長く、一般的な観光客以上に周辺地域への経済効果を生み出す。

③　国・都市の競争力向上

国際会議等のＭＩＣＥ開催を通じた国際・国内相互の人や情報の流通、ネットワークの構築、集客力などはビジネスや研究環境の向上につながり、都市の競争力、ひいては、国の競争力向上につながる。

(3)　ＭＩＣＥの特徴

ＭＩＣＥには、次のような特徴があると言える。

①　ＭＩＣＥは目的を持つ

ＭＩＣＥは一人あるいは複数の人たちが何らかの目的を持ち、成果を上げるために計画、実施される。

②　コミュニケーション、ネットワーキングの場、機会

ミーティングを行う第一の意義は、人との出会い。良い出会いは良い未来をつくることである。人間本来のフェイス・トゥ・フェイスのコミュニケーションを行う場でもある。

③　情報・知見が公開される場・機会

企業ミーティングでは、会社の新しい方針が公開されたり、新商品や次年度のマーケティング・プランなどが説明されたりする。インセンティブでは、翌年度のコミッション（販売手数料）のルールなどが代理店に公開されるなどする。

④　未来に良い変化をもたらす

ＭＩＣＥの開催には、意味や意義、目的があるが、最も大切なことは成果である。参加後に、参加者本人、主催企業・主催協会、主催国を主とするステークホルダー（利害関係者）すべてに良い変化が起こることが重要となる。

二　ＭＩＣＥの歴史と開催状況

ＭＩＣＥの歴史は比較的浅く、欧米を中心にコンベンションがＭＩＣＥの中核を担ってきたとも言える。

(1)　海外でのＭＩＣＥの歴史

ＭＩＣＥという言葉は一九九〇年初頭にシンガポール政府観光局が使い始めたとされる。シンガポールは、一九六〇年代から国を発展させるために必要な要因として、①大型国際ハブ空港、②大型ホテル、③大型コンベンション施設を掲げ、それを数十年かけて実現している。シンガポールは、国土が小さく内需も小さいため、政府が「T３F政策」（T３F＝トランスポーテーション、テレコミュニケーション、ツーリズム、ファイナンスセンター）を推し進めた。シンガポールにとって、海外からヒト、モノ、カネを集め、国を豊かにすることが不可欠で、その手段としてMICEを戦略的に活用してきた。

その後、MICEは世界に広まり、オーストラリア連邦政府は一九九五年に、ミーティング、インセンティブ、コンベンション、エキシビションの四つのビジネスを戦略的に開発して、経済活性化を図る国家的戦略を策定した。

現在では、MICEという言葉は、アジアを中心に世界中で使われている。

⑵　日本でのMICEの歴史

日本ではコンベンション（主に国際会議）誘致中心に、MICEを促進してきた。一九六〇年には観光事業審議会（観光政策審議会の前身）が「国際会議の誘致調整等に関する対策」を答申し、①コンベンションビューローの設置、②国立国際会議場の建設、③同時通訳の養成の必要性を述べている。

一九八五年には日本政府観光局（JNTO）がコンベンション振興に取り組んでいる都市に呼びかけて、任意団体の「日本コンベンション推進協議会」を設立して、加盟各都市はJNTO

と協同で国際コンベンション振興事業を進めた。その結果、全国に多くのコンベンション施設や展示会場が計画され、インフラが整備された。

一九九〇年代になると、コンベンションに対する世間の関心も高まり、一九九四年には、「国際会議等の誘致の推進及び開催の円滑化等による国際観光の振興に関する法律」（通称：コンベンション法）が成立して、全国四五都市（現在五三都市）が国際会議観光都市として認定された。

その後、日本における「ＭＩＣＥ元年」とも言える二〇一〇年に観光庁はこの年を「Japan MICE Year」と制定して、国際会議を中心とした誘致に一層力を入れるようになった。

二〇一三年六月に閣議決定された「日本再興戦略—JAPAN is BACK—」においては、「二〇三〇年にはアジアＮＯ・１の国際会議開催国としての不動の地位を築く」という目標が掲げられ、多くの人や優れた知見、投資を日本に呼び込む重要なツールとしてＭＩＣＥが位置付けられた。また、二〇一九年六月に観光立国推進閣僚会議で決定された「観光ビジョン実現プログラム二〇一九[1]」においても地方誘客・消費拡大に資するその他主要施策の一つとしてＭＩＣＥが位置付けられている。

(3) 日本でのＭＩＣＥ（国際会議）開催状況

ＩＣＣＡ（International Congress and Convention Association）の統計によれば、世界全体の国

際会議の開催件数は年々増加傾向にある。国際機関・学会の本部の多くが設置されている欧州が世界全体の約半数を占めているものの、急速な経済成長を背景にアジアや中東地域は、特に開催件数の伸びが高くなっている。

二〇一八年の世界全体における国際会議開催件数は一万二九三七件で、二〇一八年の我が国における国際会議開催件数は、四九二件で世界七位だった（二〇一九年五月時点）。アジア大洋州主要五カ国（日本、中国、韓国、シンガポール、オーストラリア）における国際会議の開催件数に占める我が国のシェアは三〇・三％である。[2]

三　ＭＩＣＥにおける国の施策と関連用語

(1)　グローバルＭＩＣＥ都市／グローバルＭＩＣＥ強化都市

国際的なＭＩＣＥ誘致競争が激化する中、海外競合国・都市との厳しい誘致競争に打ち勝ち、我が国のＭＩＣＥ誘致競争を牽引することができる実力ある都市を育成することが必要なことから、二〇一三年六月「グローバルＭＩＣＥ戦略・強化都市」（現グローバルＭＩＣＥ都市）を七自治体選定し、ＭＩＣＥ誘致力向上のための支援事業を実施した。

二〇一五年六月には、グローバルＭＩＣＥ強化都市として五自治体を選定し、これらの都市に対し、国として支援を行うとともに、各地域の関係者の連携を強化し、都市の自律的な取り

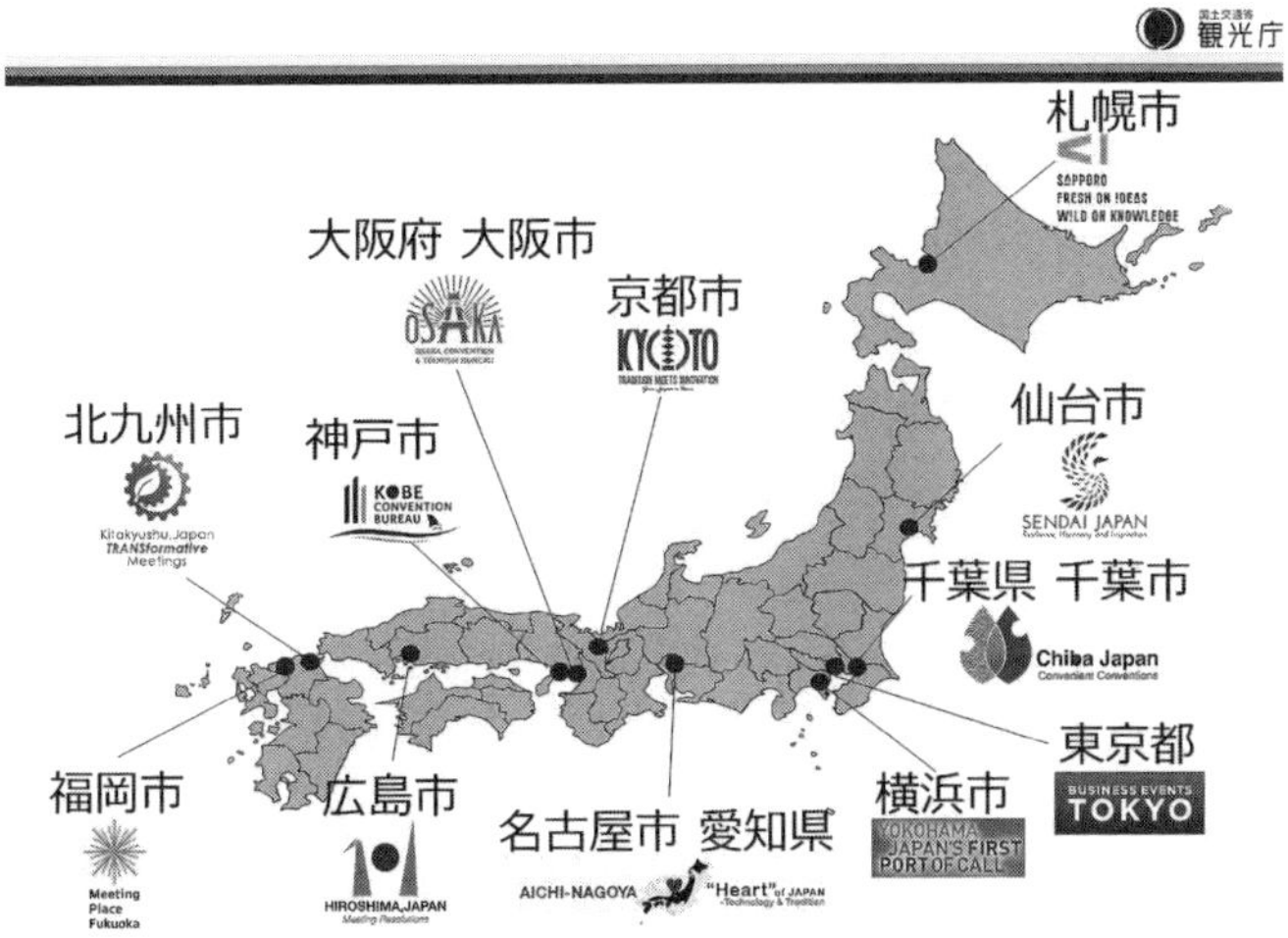

（出典） 観光庁Webサイト http://www.mlit.go.jp/kankocho/page03_000049.html

図2 グローバルMICE都市

組みを促している。

「グローバルＭＩＣＥ都市／二〇一三年六月選定（七自治体）」
東京都、横浜市、愛知県名古屋市、京都市、大阪府大阪市、神戸市、福岡市

「グローバルＭＩＣＥ強化都市／二〇一五年六月選定（五自治体）」
札幌市、仙台市、千葉県千葉市、広島市、北九州市

（2）ＭＩＣＥアンバサダープログラム／ＭＩＣＥ誘致アンバサダープログラム

ＭＩＣＥを戦略的に誘致するため、観光庁は日本政府観光局と共に、産業界や学術分野において国内外に対し発

信力やネットワークを有する方々を日本のＭＩＣＥアンバサダーとして委嘱する「ＭＩＣＥアンバサダープログラム」を、二〇一三年から実施している。

二〇一五年八月には名称を「ＭＩＣＥ誘致アンバサダープログラム」に変更し、日本国内における国際会議開催の意義についての普及啓発活動に加え、それぞれの専門分野において、具体的な国際会議の日本への誘致活動を行って、日本の国際会議件数の増加や日本国内における国際会議開催の意義に対する理解度の向上、並びに海外における日本のプレゼンス向上を目的としている。

(3) ユニークベニュー

歴史的建造物、文化施設や公的空間等で、会議・レセプションを開催することで特別感や地域特性を演出できる会場をユニークベニューと言う。

海外都市においては、ＭＩＣＥが開催されるのに合わせた文化施設や公的空間等を利用したレセプション等の開催は、ＭＩＣＥ誘致の観点から一般的となっている。

日本ではユニークベニューとしてのポテンシャルの高い施設は多く存在するものの、開放・利用は進んでいない。このような状況をふまえ、文化施設や公的空間等のユニークベニューとしての利用の活性化等を促すことを目的に、「ユニークベニュー利用促進協議会」を立ち上げ、

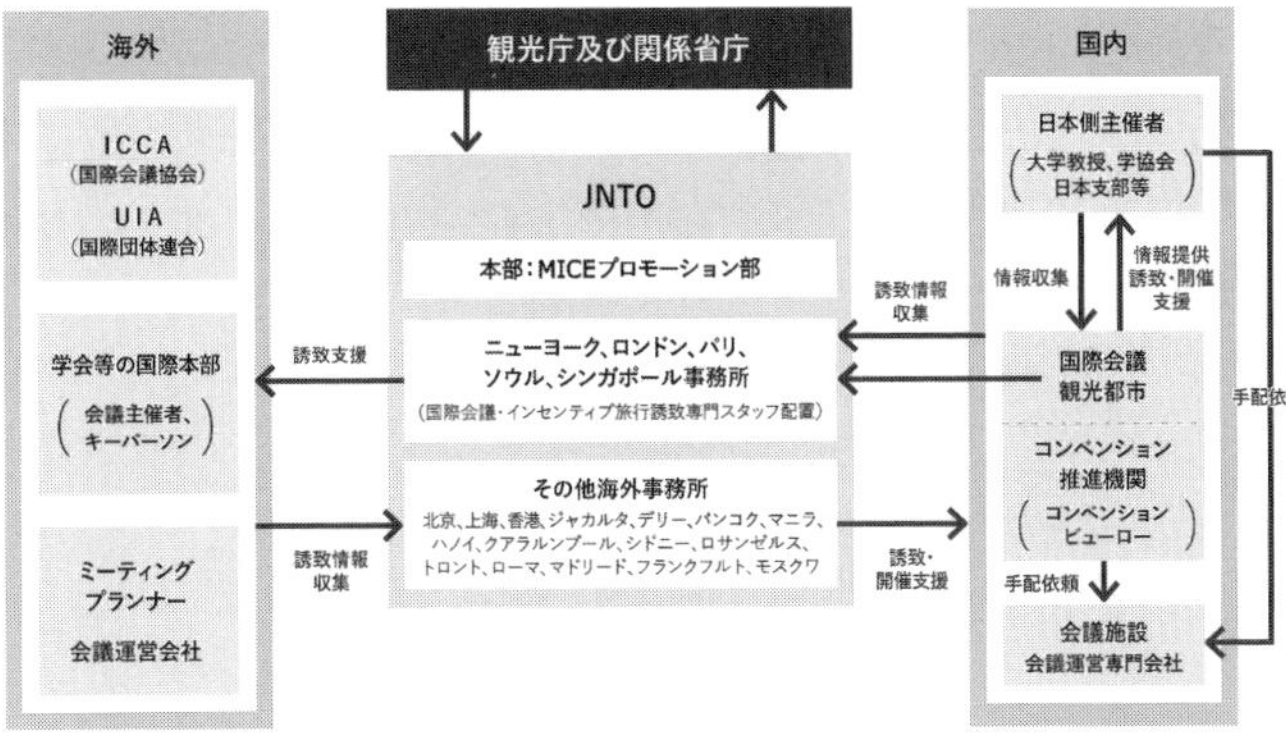

（出典）　日本政府観光局（JNTO）Webサイト　https://mice.jnto.go.jp/about-jnto/mission.html

図３　国際コンベンション誘致活動におけるJNTOの役割

我が国のユニークベニューの開発・利用促進を図っている。

二〇一七年度には、ユニークベニュー利活用の有効性・有益性について理解を深め、今後のユニークベニューの積極的な開放・利用促進を図ることを目的として、「ＭＩＣＥの誘致拡大に向けたユニークベニュー利用促進事業」を実施した。また、観光庁では同年度、イベント関連事業者、広告代理店、旅行代理店、ＰＣＯ等のＭＩＣＥをプランニングする立場からも、より参考になるよう、ユニークベニュー活用の実例を挙げ、〝演出〟や〝コンセプト〟を設定する際のガイドラインとして「ユニークベニュービギナーズガイド」を編集した。

(4) 日本政府観光局

日本政府観光局(JNTO：Japan National Tourism Organization、正式名称：独立行政法人国際観光振興機構)は、東京オリンピックが開催された一九六四年に設立され、訪日外国人旅行者の誘致に取り組んできた日本の公的な専門機関である。

日本政府観光局は、世界一四都市に海外事務所を持ち、日本へのインバウンドツーリズム(外国人の訪日旅行)のプロモーションやマーケティングを行っている。

観光庁では、日本政府観光局との協力のもと、国際会議開催地としての日本の認知度向上のため海外見本市への出展等各種プロモーション事業を実施するとともに、開催・誘致活動を行っている主催者等に対して国際会議の開催・誘致に関わる具体的な支援を行っている。

四 MICEを計画・実施する主催者

(1) M：ミーティングの主催者

欧米では、主要な企業内にミーティングプランナー、あるいは、イベントプランナーという社内のポジションを設けている。彼らは、社内の各部署の要望に応じて、トップマネジメントのためのエグゼクティブミーティングから営業会議、社内研修、オフサイトミーティングまで計画する。

日本国内でも外資系企業では、ミーティングプランナーは定着してきているが、多くの日本企業では、営業会議などはマーケティングの部署、新商品のお披露目などは広報・宣伝部、研修系のミーティングは人事部など各部署が各ミーティングを計画することが多い。

(2) I：インセンティブの主催者

インセンティブトラベル（報奨旅行）は、企業のマーケティング活動の主要なイベントとして計画され、主にインセンティブ・トラベルを開催する業種は生保系、自動車系、訪問販売系が多い。

インセンティブトラベルを催行する企業では、マーケティング部、インセンティブ部などの部署が主催者となる。アメリカの「Maritz Travel」などのモチベーションを核に、インセンティブトラベルを専門に扱う旅行会社（＝インセンティブハウス）もある。

(3) C：コンベンションの主催者

コンベンションは一般的に大型の大会で主なものは、政治系、宗教系、学術系、教育系などの大会、国際会議の多い協会の大会などがある。

国際会議であれば、主催者は国際本部となる。開催地の決定は、会長・事務局長、常務理事が中心となり決定することが一番多いが、理事会、各種委員会、総会などで決定することもある。

欧米では主催者以外でも本部よりコンベンションの運営を受託したコアＰＣＯ（大型の会議運営会社）が開催地を決定することがある。

(4) Ｅ：エキシビションの主催者

エキシビションは商品、サービスを提供する業種すべてが主催者といえる。

米国では一九七〇年よりトレードショーは急速に発展し、ラスベガスのような大型コンベンション施設で、展示会と併設して、商談、会議、ネットワーキングなどを行う。

ショーオーガナイザーは、これらのトレードショーを仕切る組織で、韓国ではＰＥＯと呼ばれる。

五　主催者と参加者に商品とサービスを提供するサプライヤー

(1) ＭＩＣＥ施設

ＭＩＣＥの四つの形態に共通して必要とされるサプライヤー（サービス供給事業者）として、ＭＩＣＥ施設が挙げられる。代表的な施設としてはコンベンションセンター、カンファレンスセンターと呼ばれて、東京・千代田区にある東京国際フォーラムや横浜のパシフィコ横浜などが代表的な存在である。

日本最大規模の展示会場である東京ビッグサイトは、展示面積は約八万平方メートルである。なお、東京ビッグサイトでは、一九五四年に第一回目を日比谷公園で開催し、半世紀以上の歴史を持つ東京モーターショーの開催会場に二〇一一年からなっている。

大型のコンベンションセンターやカンファレンスセンターに限らず、ＭＩＣＥ開催の施設として、市民ホールや市民会館、劇場なども使われる。

東京のような大都市では、貸会議室、貸ホールの形態も近年増加してきており、代表的な会場として、住友不動産が運営する「ベルサール」、ＴＫＰ、森ビル㈱の六本木アカデミーヒルズや虎ノ門ヒルズフォーラムなどが挙げられる。これらの会場は、ビル・イン型ともいう。

最近のトレンドでは、一体型（All-In-One）型の施設が目立ち、これはコンベンション施設、展示会場、宿泊施設、商業施設、エンターテイメント施設などが一カ所に集結したものであり、特に有名なのがシンガポールのマリーナベイ・サンズである。

（2）　**宿泊施設**

ホテルは、宿泊施設だけではなく国際会議を含むＭＩＣＥ会場としてその役割を果たしている。アメリカの統計では、年間一八〇万件のＭＩＣＥイベントのうち、七〇％以上がホテルなどの宿泊施設で開催。そのため、米国のホテル業界はＭＩＣＥに力を入れている。

日本では、一九六四年開催の東京オリンピックを契機として、東京プリンスホテルや京王プラザホテルなどが大型宴会場を伴って開業した。

近年では、二〇一〇年に品川と高輪プリンスホテルがブランドを統一して、「Prince Tokyo MICE City」として、ＭＩＣＥを核としたマーケティング活動を開始している。ホテル以外でも高度経済成長期に熱海などの大型旅館で宴会（≒インセンティブ）を開催していたが、現在でも熱海後楽園ホテルなどでは学会などのコンベンションを受け入れている。

(3)　その他のサービス提供者

その他、次のようなサービス提供者が存在する。

①ＰＣＯ（＝Professional Congress Organizer）

会議運営の専門家

②ＤＭＣ／ＤＭＯ（＝Destination Management / Marketing Company / Organization）

地域のリソース（資源）を知り尽くした専門家

③旅行会社（＝Travel Agent）

ＭＩＣＥでの人の移動や宿泊の手配を行う専門家

④行政、コンベンションビューロー（＝Government, Convention Bureau）

ＭＩＣＥの計画、開催をサポート

⑤運輸業（＝Carrier）

航空産業、鉄道・バス、クルーズなど

⑥会場設営、運営に関わるサプライヤー

同時通訳、講師紹介業、ケータリング業者など様々

六　ＭＩＣＥビジネスと関連ビジネス

⑴　運営の実務全体を担うプロ集団

ＭＩＣＥの運営業務を引き受けるプロ集団を欧米諸国では、主にＰＣＯと呼ばれており、契約にもとづいて、学会や協会などに代わってＭＩＣＥ運営の実務を請け負っている会社または個人である。ＰＣＯは、主催者に対して、コンサルティングと企画提案も行い、事務局準備から展示会運営などの各種業務を引き受ける。ＰＣＯ以外に、以下のような役割を担う会社や個人がある。

①Independent Show Organizer（ＩＳＯ）

主にトレードショーを独立した事業として、自らの責任で企画・運営をする。

②Event Organizer

イベントの企画段階から準備・運営までを自ら行うこともあれば、主催者からの依頼で業務を引き受けることもある。

(2) ホテルなどの宿泊業

ホテルなどの宿泊施設はお客の要望や現地の事情で臨機応変にすることがＭＩＣＥにおいては重要で、大勢の利用客のニーズに一度に応えるレストラン・飲食施設があることもＭＩＣＥでは求められる。以下、ＭＩＣＥにおけるホテルなどの宿泊施設で求められる要素である。

①会議室があること
②多様なニーズに応えられるパーティー会場が必要
③ビジネスセンターがあること
④イベント情報とエンターテイメント情報の提供をすること
⑤コンベンションマネージャーの配置
⑥プロトコル（儀礼）のマナー、ルールやエチケットに則った接遇を行うこと

(3) 料飲とケータリングサービス

料飲は、英語で Food & Beverage(略してFB)というが、MICEにおける料飲サービスは、数人の超VIPの会食から千人規模のバンケット(正餐会)まで、多様である。国際会議や大会では、初日に開会式と歓迎レセプションが開かれるのが通例で、歓迎レセプションは立食スタイルのビュッフェが多いが、バンケットは着席形式で行われ、カクテルからオードブル、メインディッシュ、デザートまでフルコースがサービスされ、アトラクションが企画されることが多い。

ケータリングサービスはホテルやレストランでは対応できない参加者の飲食ニーズに応え、また野外会場のような飲食施設がないところでも飲食提供を行うことができる。

(4) ディスプレイ業

ディスプレイ業の使命は、それぞれの顧客から与えられたテーマに沿って、限られた空間を使い、最も効果的なコミュニケーション空間を提供することである。近年では、システムディスプレイと呼ばれる組立式でポータブルのツールを取り入れている。これは、大量の廃棄物を出さないもので、多くの什器などが再利用で可能なものである。

(5) 旅行業、運輸・輸送業

ＭＩＣＥに関連して旅行会社が扱う業務として、以下のようなものがある。

①参加者のホテル・宿泊手配
②空港・ホテル間の送迎、ＶＩＰの送迎、シャトルバス手配
③同伴者プログラムの企画運営
④視察旅行やエクスカーションの企画運営
⑤レセプション・社交行事の企画運営
⑥プレ&ポスト・コングレスツアー(会期前後旅行)企画運営

(6) その他

その他、ＭＩＣＥに関連する業種は、

①機器・用品レンタル業
②広報・宣伝業
③印刷・出版業
④人材派遣・警備保障業
⑤保険・金融業

などがある。

七　海外でのＭＩＣＥの取り組み

(1)　シンガポールでのＭＩＣＥの取り組み

シンガポールは、海外からの民間投資の呼び込みを国家的課題として掲げ、その一環で、ＭＩＣＥを振興しており、ＭＩＣＥデスティネーションとしてアジア・太平洋州地域の中で際立った地位を確立している。特に、金融、バイオメディカル・ヘルスケア、環境・エネルギー等の国の重点分野のＭＩＣＥの積極的誘致に取り組んでおり、ＭＩＣＥ開催を通じた戦略的な産業振興を標榜している。

シンガポールは通商産業省とシンガポール政府観光局が旗振り役となっており、また、その施策は豊富な財政措置に裏付けされている。また、サンテックシンガポールやマリーナベイ・サンズといった機能性の高い大型ＭＩＣＥ施設があり、空港からのアクセスもよく、ソフトとハード一体的に施策を推進することにより、シンガポールはＭＩＣＥデスティネーションとして競争力を高めている。(3)

(2) アメリカ・ラスベガスでのMICEの取り組み

アメリカ・ネバダ州のラスベガスは、展示会場や会議場などのコンベンション施設の総床面積一〇〇万平方メートル以上を有し年間二万二〇〇〇件もの会議、コンベンション、展示会が開催される世界有数のMICEビジネスの街であるとともに、さまざまなショーをはじめとしたエンターテイメントやカジノ、世界中のグルメ、ショッピングモールなどをホテルに兼ね備えた巨大な複合施設が集まる世界最大級のエンターテイメント都市でもある。ビジネス客だけでなく総合エンターテイメントを強みにレジャー客の誘致にも成功し、昨年は四二九〇万人もの人が訪れた。世界を代表するMICEビジネス都市であり、国際観光都市として今なお進化を続けている。[4]

(3) アメリカ・ハワイでのMICEの取り組み

ハワイは、コンサートや農業、医療、天文などをテーマとした視察ツアー、ハワイコンベンションセンター（HCC）やホテル等での国際会議、教育旅行、企業のインセンティブ旅行などMICEに最適なデスティネーションである。現在、日本からのハワイへのMICEのほとんどはインセンティブである。ハワイ州観光局（HTJ）によると二〇一三年のMCI（ミーティング、コンベンション、イベント）目的の来訪者数は八万七三六七人。二〇一二年の五万二三八六名から約六割増となった。ハワイツーリズムオーソリティ（ＨＴＡ）は二〇一四年は、さらに一〇％増加を目指す方針。この数値を将来的には全体の約一九％まで伸ばしたい考えで二〇一四年の日本人旅行者数目標一六二万人から換算すると、ＭＣＩ市場で約三〇万人を目指す。

ハワイコンベンションセンターでは、「サステイナブルバンケット」としてファーム・トゥ・テーブルのメニューを用意しており、一〇〇〇人規模のＭＩＣＥにも対応する。

（4）韓国でのＭＩＣＥの取り組み

韓国は、コンベンション分野の戦略的育成を目的として、二〇〇六年に「国際会議産業育成基本計画」を策定するとともに、二〇〇八年には「展示産業発展法」を規定するなど、ＭＩＣＥを国の戦略的分野として位置付け、法律や計画で裏打ちをしている。特にソウルでは、州の経済発展計画で重視されている再生可能エネルギーや鉱物資源、林業、漁業等の自然資源分野のＭＩＣＥを積極的に誘致しており、経済発展計画を推進するツールとしてＭＩＣＥを活用している。また、ハード面では、ＫＩＮＴＥＸ（Korea International Exhibition Center）のような大型展示施設を整備している他、ＭＩＣＥ関連施設が集積した国際会議場ＣＯＥＸ（Convention & Exhibition）のような都心型ＭＩＣＥ施設がある等、多様なニーズに応じたベニューを提供している。その他、韓国のコンベンションビューロー（以下、ＣＢ）は重点分野ごとにＭＩＣＥ担

当者を配置するなど、人的にも財政的にもMICE誘致に向けた体制を整備している。(5)

(5) オーストラリアでのMICEの取り組み

オーストラリアは、一九九五年にMICEに関する国家戦略「A National Strategy for the Meetings, Incentives, Conventions and Exhibitions Industry」を策定し、二〇〇八年には「National Business Events Strategy for Australia 2020」を策定するなど、国を挙げてMICEを振興しており、特にシドニーやメルボルンがグローバルレベルのMICE誘致競争の中で存在感を発揮している。シドニーは、グリーンテクノロジー、ツーリズム、デジタル産業などの分野のMICE誘致に重点的に取り組んでいる他、ソウル、ロンドンとともにMICEに関する国際的ネットワーク「Future Convention Cities Initiative」を形成し、情報やノウハウの共有に戦略的に取り組んでいる。(6)

八　国内各都市でのMICEの取り組み

(1) 横浜市でのMICEの取り組み

横浜市は二〇一三年に東京都・京都市・神戸市・福岡市とともに観光庁の「グローバルMICE戦略都市」に選定され、MICEを推進する都市として動き出した。

二〇一四年に、横浜市は「成長分野育成ビジョン」を策定したと発表した。この「成長分野育成ビジョン」は、「豊かな市民生活を支える横浜経済の持続的発展」のため、概ね一〇年間（二〇二五年頃）を見据え、今後、特に成長が見込まれる分野の育成方針・取り組みなどを明確にし、企業・市民・経済団体等とビジョンを共有することを狙いとして策定された。

この中で、「観光・ＭＩＣＥ」を成長分野のひとつに捉え、ＭＩＣＥ機能の強化や関連産業の成長促進を推進することとなった。[7]

また、横浜市では、ＭＩＣＥの市場規模の世界的な拡大や横浜での開催需要を踏まえ、パシフィコ横浜の隣接地（みなとみらい21中央地区二〇街区）で、新たなＭＩＣＥ施設「横浜みなとみらい国際コンベンションセンター（通称：パシフィコ横浜ノース）」の整備を二つのＰＦＩ（Private Finance Initiative）事業で進めており、二〇二〇年四月の施設供用開始を目指している。[8]

(2) 札幌市でのＭＩＣＥの取り組み

二〇一五年は札幌市のＭＩＣＥ事業にとって新たなスタートの年となった。同市は政府が定めた「ＭＩＣＥ元年」の二〇一〇年に「札幌ＭＩＣＥ総合戦略」を発表したが、五年ごとの見直し時期にあたった同年、二〇一六年から五カ年の戦略をまとめた「札幌ＭＩＣＥ総合戦略二〇一五―一九―札幌の魅力あふれる〝ＯＮＬＹ ＯＮＥ〟ＭＩＣＥ都市―」を発行した。

また二〇一五年六月に、観光庁が選定した「グローバルＭＩＣＥ戦略・強化都市」にも選ばれた。[9]

二〇一八年五月、札幌市は、中央区の中島公園に隣接した札幌パークホテルの敷地に設ける新ＭＩＣＥ施設の施設整備基本計画案（「（仮称）新ＭＩＣＥ施設整備基本計画」）をまとめた。敷地北側にホテル棟、南にＭＩＣＥ棟を配置した一体型施設とする計画。ホテル棟を除く整備事業費には二八〇億円を見込む。ホテル建て替えの民間再開発に合わせた建設を想定しており、二〇二〇年度の着工、二五年度開業を目指す。運営は指定管理者かコンセッション方式のいずれかの導入を検討する。[10]

(3) 東京都でのＭＩＣＥの取り組み

二〇一五年度からの東京都長期ビジョンによると都市戦略の政策指針のひとつに『東京の多彩な魅力と「おもてなしの心」で世界の旅行者を惹き付ける世界有数の観光都市・ＭＩＣＥ開催都市を実現する』とある。二〇二〇年のオリンピック・パラリンピックの開催を受け、世界をリードするグローバル都市の持続的発展の実現に向けて将来をみすえたグランドデザインが描かれた。そして、その中でＭＩＣＥも重要な位置づけとなった。[11]

オリンピック後の展望として二〇二四年頃には「東京の強みを生かした誘致活動により、Ｍ

ＩＣＥ開催都市としての揺るぎないプレゼンスが確立している」とある。

二〇一五年七月には「東京都ＭＩＣＥ誘致戦略」を策定し、数値目標として、概ね一〇年後（二〇二四年頃）までに、世界トップスリーに入る年間三三〇件の国際会議の開催することを掲げている。[12]

(4) 福岡市でのＭＩＣＥの取り組み

福岡市は、地理的優位性や会議誘致主体・参加者の集積など、ＭＩＣＥ誘致・開催において大きな強みを有しており、国際会議の開催件数は二〇〇九年から五年連続で国内第二位となっている。

また、ＭＩＣＥ誘致のポテンシャルが高いことを評価され、二〇一三年六月には、観光庁から「グローバルＭＩＣＥ戦略都市」として選定を受け、国の支援の下、国際競争力の強化に向けて、海外に対するプロモーション活動等を行っている。

福岡市では、ＭＩＣＥ機能の強化を図るため、コンベンション施設が集積する、ウォーターフロント地区（中央埠頭・博多埠頭）のコンベンションゾーンにおいて、第二期展示場等の整備やホテル・賑わい施設等の民間施設の誘致に向けて取り組んでいる。[13]

福岡観光コンベンションビューローは福岡市と共に、国際会議等の場で学生向けの研修プログラムである「ＭＩＣＥ×グローバル人材研修プログラム」を二〇一九年度始めた。プログラム内容としては、ＭＩＣＥに関する研修を行った後、普段立ち入ることのできない国際会議での業務体験や、ＭＩＣＥ関連企業で活躍する社会人との方との交流などである。(14)

まとめ

ＭＩＣＥは、多くの集客交流が見込まれるビジネスイベント（ビジネスイベンツ）であることは、先に触れた通りである。日本の政府や各都市がＭＩＣＥに対して様々な施策を打ち出し取り組む一方で、海外の各都市もそれ以上にＭＩＣＥに関する施策を打ち出し、戦略的に成長産業と位置付けているところが多い。今後、海外の各都市のＭＩＣＥ施策に対して、どのようなＭＩＣＥ施策を展開するかが日本、及び国内の各都市の課題とも言えるだろう。

主要参考文献
浅井新介著『マイス・ビジネス入門』（二〇一五年）プラザ出版。
月刊「MICEJAPAN」（二〇一九年五月号）、株式会社ＭＩＣＥジャパン。
観光庁 web サイト：http://www.mlit.go.jp/kankocho/

注

（1） 観光庁「『観光ビジョン実現プログラム二〇一九』を策定しました！」より。

http://www.mlit.go.jp/kankocho/topics02_000170.html（二〇一九年一〇月一四日閲覧）

（2）観光庁「我が国の国際ＭＩＣＥ全体による経済波及効果は約一兆円！――主催者等の負担分も含めた外国人参加者一人当たり総消費額は平均三三・七万円」より。
http://www.mlit.go.jp/kankocho/news03_000175.html（二〇一九年一〇月一四日閲覧）

（3）ＭＩＣＥ国際競争力強化委員会『我が国のＭＩＣＥ　国際競争力の強化に向けて』より。
https://www.mlit.go.jp/common/001006763.pdf（二〇一九年一〇月一四日閲覧）

（4）展示会とＭＩＣＥ『海外 MICE Report』より。
https://www.eventbiz.net/english/wp-content/uploads/sites/2/2018/09/LasVegas.pdf（二〇一九年一〇月一四日閲覧）

（5）注（3）に同じ。

（6）注（3）に同じ。

（7）横浜商科大学「平成二七年度文部科学省委託事業『成長分野等における中核的専門人材養成等の戦略的推進』事業（観光分野）観光フロンティアとしてのインバウンド観光・マイスビジネス人材育成　事業報告書」より。
https://www.shodai.ac.jp/frontier/sozai/h27_businessreport.pdf（二〇一九年一〇月一四日閲覧）

（8）横浜市「みなとみらい21中央地区に整備している新ＭＩＣＥ施設の正式名称と通称が決定しました！」より。
https://www.city.yokohama.lg.jp/city-info/koho-kocho/press/bunka/2017/0215mice20meisyou.html（二〇一九年一〇月一四日閲覧）

（9）注（7）に同じ。

（10）札幌市「新ＭＩＣＥ施設整備」より。
https://www.city.sapporo.jp/keizai/kanko/miceshisetsu.html（二〇一九年一〇月一四日閲覧）

（11）注（7）に同じ。

（12）東京都「『東京都ＭＩＣＥ誘致戦略』を策定」より。
http://www.metro.tokyo.jp/INET/KEIKAKU/2015/07/70p7a100.htm（二〇一九年一〇月一四日閲覧）

（13）福岡市「福岡市ＭＩＣＥ関連施設整備方針（案）」より。
http://www.city.fukuoka.lg.jp/data/open/cnt/3/45791/1/270220keizei-houkoku1-siryo.pdf（二〇一九年一〇月一四日閲覧）

（14）公益財団法人福岡観光コンベンションビューロー「ＭＩＣＥ×グローバル人材研修プログラム」より。
https://www.welcome-fukuoka.or.jp/info/2843.html（二〇一九年一〇月一四日閲覧）

観光産業・観光地におけるＭＩＣＥ

大野正人

一　旅行・観光から見たＭＩＣＥの特性

(1)　観光産業におけるＭＩＣＥの位置付け

観光産業は、発地側（旅行者の居住地）に属する産業と着地側（旅行先、観光地）に属する産業に分かれる。前者は、長距離の交通運輸業、旅行業、及び旅行用品店や観光ガイドブック出版社、観光ウェブサイト運営事業者等である。後者は、宿泊施設、観光施設、土産品店、及びガイド・インストラクター・エンターテナーなどであり、さらに、観光関連産業として道の駅や土産品店等の小売業、観光地の飲食業、そして観光農業、観光漁業など、一次産業まで幅広い産業となる。

ＭＩＣＥに関わる観光産業は、発地側では旅行業、着地側では宿泊施設（宴会場を持つコンベンションホテル等）や公的なコンベンションセンターが代表例である。

加えてＭＩＣＥではその都市に立地する百貨店やスーパーマーケット、都市レジャー施設、飲食店等々、本来は地元客への対個人サービスを提供している全てのサービス業が関係する。

(2) **旅行目的のなかのＭＩＣＥの位置付け**（表1、表2）

旅行の目的は、大きく以下の三つに分かれる。

① 観光レクリエーション旅行

これは、〔1〕狭義の観光、〔2〕交流、〔3〕保養・休養、〔4〕野外活動、〔5〕文化活動、〔6〕娯楽、〔7〕グルメと買物の七つに分かれる（表1）。

② 私用旅行

これは、家族／親戚／友人訪問、及び冠婚葬祭への出席、そして受験や就活などであり、加えて病気治療、また高齢化により増加している介護がある。

③ 業務旅行

これは、〔1〕日常業務出張、〔2〕会議・展示会等の出席、〔3〕接待や招待、〔4〕研修や視察に分かれ

表1　観光レクリエーション旅行の主な目的

〔1〕狭義の観光：Sightseeing 珍しい風物や美しい景色等の自然資源、地域の歴史や異文化等の人文資源を見たいという知的好奇心が動機となる旅行で、自然観光地と都市観光地に加えて、両者が一体となった街並みや里山などが行き先となる。また、地域固有の食文化は重要な誘客要素となる。
〔2〕交流：Communication 同行者や他の旅行者、旅先の住民との親睦促進を目的とする旅行で、小は家族や親戚との交流から大は職場・趣味のサークルの交流まで、参加人数は幅広くなる。組織が主催する交流目的の旅行は慰安団体旅行としてこのカテゴリーの中で唯一、法人消費となり、近距離で短期間の旅行となるため、大都市から近い観光地が目的地となる。
〔3〕保養・休養・(療養)：Resort 快適な自然環境の中で心身の疲れを回復するための旅行で、地域の自然環境と宿泊施設のリラックス機能が必要となる。我が国では温泉がリラックスの重要なアイテムとなっている。 滞在型旅行となるため館内や宿泊施設周辺での生活環境や街並み環境の快適性が重要となり、交通条件が多少悪くても成立する。地域や宿泊施設に“なじみ”ができるとリピーター化
〔4〕野外活動：Outdoor Recreation & Sports 快適な自然環境のなかで心身を活性化するための旅行で、「〔3〕の保養・休養」と組み合わせて発生し易い。また、同様にリピーターとなり易い。特定の自然資源に依存する活動(登山ハイキング、スキー、マリンスポーツ等)と日常生活で行っている活動をより良い自然環境で実施するもの(避暑地や避寒地でのテニスやゴルフ等)に分かれる。また、技術向上を目的とする場合はスポーツ合宿となる。
〔5〕文化活動(Culture) 「〔1〕の狭義の観光」の動機である知的好奇心がより深い探求・学習による自己実現にまで発展すると「観る・鑑賞する活動、参加・体験する活動」となる。基本的に単身旅行ないしは少人数の旅行となり、これらが開催される特定の時期に集中する。 観る活動は、美術・音楽・舞台からサブカルチャーまで幅広く、美術館、劇場などが常設される都市が旅行先となる。但し、観光地でも野外フェスティバルや音楽祭・芸術祭などのイベントとして旅行先となることもある。参加する活動は、観光地での農林業体験、地場産業の工芸体験から都市での大学の社会人向け夏季講座等、多彩である。

〔6〕娯楽(Entertainment)

テーマパークや娯楽イベントなどの商業化されたエンターテイメント施設やスポーツ観戦、及び、カジノなどが目的の旅行であり、それらが立地する大都市が主な旅行先となる。

〔7〕グルメと買物(Gourmet & Shopping)

「〔1〕の狭義の観光」の中で、特定のレストランや宿泊施設での食事やその土地にしかない土産品やブランド品が目的となる旅行。食べ歩き、ウィンドウショッピング、スーパーマーケット探訪などのその街の住民の生活を知る都市観光と結びつき易い。

表2　業務旅行の主な目的

〔1〕日常業務のための出張

・営業活動や業務情報交換に加えて工場設備等の設置・保守管理が目的であり、概して取引先所在地への反復利用となり、最もリピーターとなりやすい客層。

・国内旅行では1泊が大部分を占めるが、保守管理出張では長期滞在もある。

・宿泊先は利便性重視(都市の交通ターミナル周辺、取引先の周辺、または繁華街周辺)であるが、交通費は支給されるため、地区内でやや不便な立地でも低価格であれば選択される。

〔2〕会議・展示会への出席(情報交換や商談)

・目的はコンベンションや企業ミーティングへの出席、及び展示会での情報収集や商談。

・旅行先は各地からの集まり易さが重視されるため大都市、特に本社所在地となりやすい。

・行き先はその会議の性格により固定的な開催と持ち回り開催に分かれる。

・「〔3〕招待・接待」と組み合わせさるケースが多い。また、宿泊先はこれらの会議を開催するコンベンションホテルやコンベンションセンター近隣のホテルが選択される。

〔3〕接待や招待(取引先や社員・関係者の働く動機向上のための旅行)

・旅行という非日常の場が褒賞による動機付けに効果があるため、会議や宴会を旅行先に持ち出して実施することで発生する旅行。大規模なものは国際旅行となる。

・少人数での接待旅行と多数が参加する褒賞旅行(インセンティブトラベル)に分かれ、後者は「〔2〕会議・展示会への出席」と組み合わされることが多い。会議は表彰式やチームビルディング等の多彩な演出が企画される。

・業務旅行の中で最も消費額が高い旅行であり、また唯一、家族や夫婦同伴のケースも発生する。さらに観光を兼ねた旅行となることが多く、会議後の観光ツアーが組み合わされる。

〔4〕研修や視察

・集中講義型と施設や地域を見て回る視察型に分かれる。集中講義型は数日間滞在のケースもあり、反復利用・定期的利用となりやすい。旅行先は費用対効果を重視して近距離であり、会議室等を多数持つ低価格の宿泊施設での滞在利用。

・視察型は観光を兼ねた周遊旅行となり易く、「〔3〕の接待・招待旅行」となることが多い。

る（表2）。

　これらの三つの目的は常に複合的に発生し、業務・兼観光の旅行、私用・兼観光の旅行など、ほとんどに観光要素が加わる。また、①の観光レクリエーション旅行は、何らかの名目による「動機・キッカケ（誘客要素）」で発生し、「目的の実現（満足要素）」で終わるが、名目としての目的と実際の満足要素はしばしば食い違うことがある。例として観光ポスターや旅番組で誘発された旅行が、実際は同行者との親睦・交流が隠れた目的であったりするのである。そして、目的が明確でない観光旅行は「〔1〕狭義の観光」や「〔7〕グルメと買物」が入口となることが多い。

　これらの旅行目的のなかで、ＭＩＣＥとして発生する旅行が表1のなかでグレーで示した旅行となる。ＭＩＣＥは基本的に入口が③業務旅行となるが、そのなかで目的〔2〕〔3〕〔4〕として発生し、それがアフターコンベンションの観光旅行として①観光レクリエーション旅行を誘発する。また、ＭＩＣＥは、①観光レクリエーション旅行を入口として発生するものもあり、これは、〔2〕交流目的の旅行の団体行動である企業の慰安目的旅行として発生する。さらに、〔5〕文化活動の一部としても発生する。③の業務旅行が入口となる場合は法人消費となり、その支出名目は、一般出張旅費、福利厚生費、販売促進費支出（褒賞旅行）となる。②〔2〕の交流目的の団体旅行として発生する場合は、法人消費のケースと一般消費者が参加する個人支出（旅行消費）のケースがある。

(3)　ＭＩＣＥの市場特性

ＭＩＣＥは宿泊旅行と日帰り活動の双方で発生するが、その比率はその国・地域の市場環境、集客規模、目的と参加者により差異がある。我が国では大都市に企業が集中し、さらに国土が狭いため、ＭＩＣＥの多くは日帰り活動として発生する。そのため、シティホテルの宴会・会議の多くは地元客となっていたが、経済のグローバル化により国際会議、国際ミーティングが増大したことで、大規模なＭＩＣＥでは参加に占める宿泊旅行者の比率が増加傾向にある。この場合、シティホテルは会議等による宴会部門の収入は少なくても、会議参加者の宿泊により客室部門で利益を上げることが可能となり、これがコンベンションホテルのビジネスモデルとなっている。

一方、国内会議や地方大会のように地元での日帰り利用が中心となるＭＩＣＥでは、これを、宿泊旅行を伴うＭＩＣＥ（観光地や他都市への持ち出しの会議など）とすることで、その会議の効果を高くすることができる。このような旅行先で開催では、その観光地や会場が持つ「非日常の雰囲気」が交流促進に大きな効果をもたらすからである。

ＭＩＣＥは、交流の主たる目的により異なるニーズ、異なる集客形態となる。親睦促進が主目的の会合では飲食の場が重要となり、宴会や会食の需要が高くなる。一方、情報交換が主目的のＭＩＣＥでは、会議や展示会（双方向）、イベント（観客として参画）として発生する。そして、これらは同時に行われることで相乗効果が強くなるため、Ｍ・Ｉ・Ｃ・Ｅはほとんどが複合的に発生する。また、ＭＩＣＥの参加者は個人や何らかの組織の集合体であるため、全体で、組織ごとに、個別に、現地で様々な規模の団体グループに分岐して離散集合する。そのため、それぞれの人数に応じた多様な会場の集積、それぞれの移動に対応した交通サービスが重要となる。

ＭＩＣＥは、持ち回り開催と固定開催の二つのパターンがあり、開催地の交通条件もさることながら受入れ体制・受入れ姿勢が固定開催に結びつく。

（4）訪日旅行におけるＭＩＣＥの位置付け

企業間取引のグローバル化により、法人の会議・宴会における外国人の参加が増加傾向にある。訪日外国人消費動向調査（観光庁）による二〇一八（平成三〇）年の訪日業務旅行の目的詳細では、企業ミーティング二六・六％、国際会議九・四％、展示会&見本市七・三％となっている。

複数回答による重複があるにせよ、ＭＩＣＥ出席が業務目的の訪日旅行客の四〇％以上を占めていることから、今後の法人の会議・宴会に占める国際ＭＩＣＥの比率は上昇することが見込まれる。

二　ＭＩＣＥと観光産業の関わり

(1)　ＭＩＣＥに直接関わる産業

ＭＩＣＥは観光産業だけでなく様々な産業が関係するが、これらは「集客交流産業：人々と交流することを目的に集まる人々を対象として財やサービスを提供する産業」として定義されている。

その内訳は、会場提供事業者（宴会場、会議場・展示会場・見本市会場・スポーツ競技場、コンサートホールなど）、交流支援サービス事業者（通訳や司会進行サービス、展示会や会議場の展示・演出工事、給食事業者、会場の装飾やセッテング、会議の司会進行や同時通訳、接待やエンターテナー）、及び企画・運営を一括代行するＰＣＯ（Professional Congress Organizer, Meeting Planner）である。

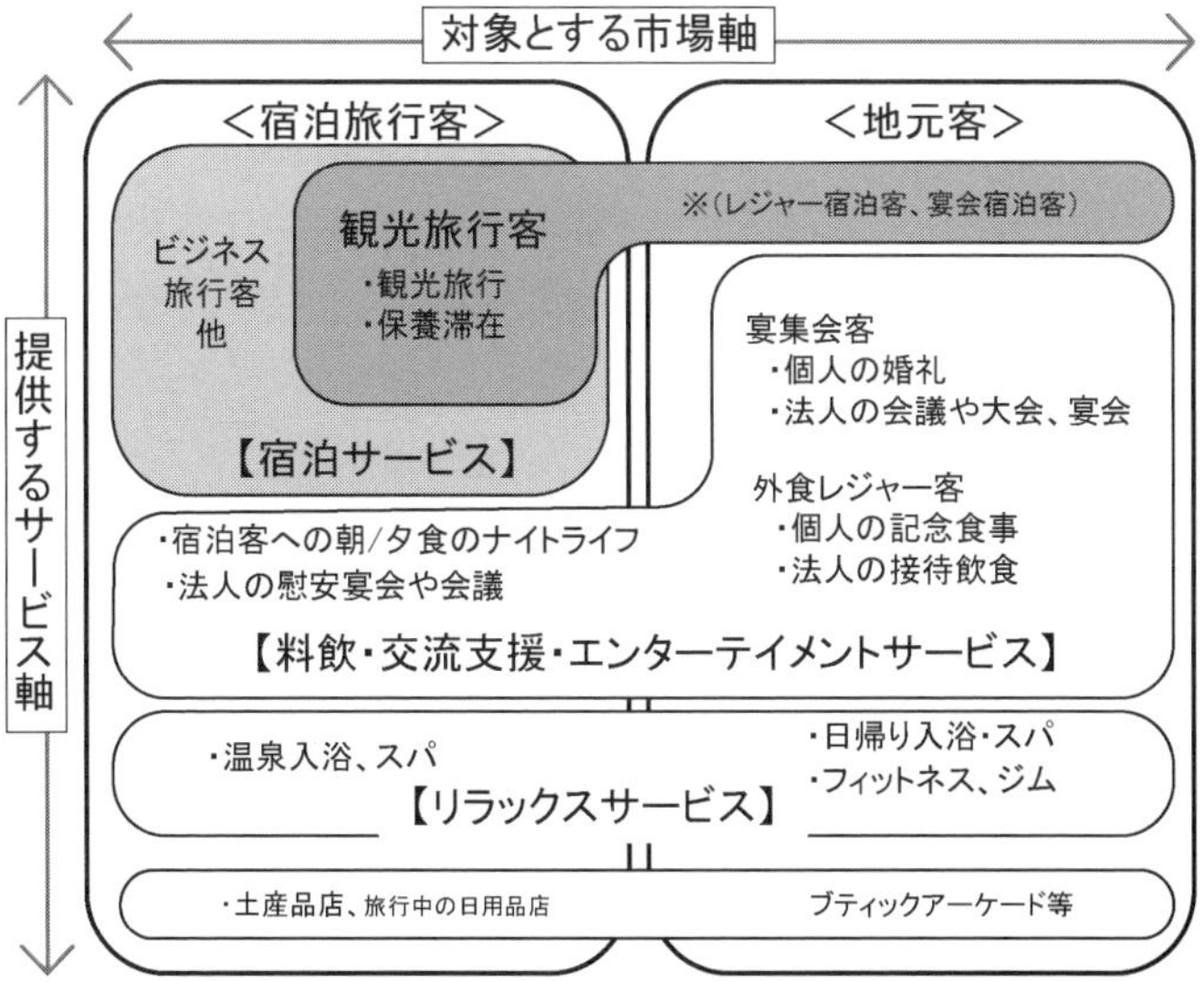

※宿泊需要の一部は地元客からも発生する。宴会や会議のつきでの宿泊や保養休養のための滞在、あるいはカップルがレジャー目的で宿泊する等であり、旅行統計には表れてこない「旅行を伴わない宿泊客」も一定数存在することに留意が必要である。

図1　宿泊施設が対象とする市場と提供するサービス領域

(2)　MICEにおける宿泊産業の役割

これらの集客交流産業のなかで、ホテル・旅館等の宿泊施設はそのなかで中核となる必要施設となる。

宿泊施設が提供するサービスと対象市場は図1に示すように、客室サービスと料飲店舗や宴会場などの料飲・交流支援・エンターテイメントサービス、及びリラックスサービスであるが、このうち料飲・交流支援・エンターテイメントサービスは旅行客と地元客の双方にまたがって提供されるサービスであり、これにより「旅行者と地元住民の交流の場」となっている。宿泊施設のこのような市場特性は、宿泊施設が誕生したときから果たしてきた役割であり、これが近代社会に入ってからさらに拡大されてコンベンションホテル、すなわちＭＩＣＥの会場、及び参加者の宿泊場所として重要な役割を果たすに至っているのである。

三　ＭＩＣＥに使われる会場設備の経営特性

⑴　交流目的により異なる会場の形態

宴会場や会議場などの交流会場は宿泊施設の客室と並んでＭＩＣＥの必須施設であるが、その機能・形態は表3に示すように、交流の目的と形態により異なってくる。平場の会場は、中規模以下のＭＩＣＥにおける参加者同士の双方向の交流（主にMeetingとConvention）、及び、物品（商品）の展示と商談（主にExhibition）に適しており、さらに飲食を伴う交流（宴会、会食）にも適しているため、最も汎用性が高い会場形態である。

最も大きな面積を必要するのは展示会場であるが、展示物の性格により必要な会場サイズと仕様は異なる。車両や機械設備等の展示では大きな会場が必要となるが、ゲーム機器、和服の展示などは小規模な会場でも可能である。また、モノの展示ではなくヒトの展示となるファッションショーやゲーム機器の操作実演ショーなどは特殊な仕様が必要となる。

表３　交流形態により異なる空間・設備と人的サービス

交流形態の分類	必要とされる空間とサービスの特性
①参加者同士の双方向の交流	・人が自由に動き回れる平面空間が必要とされることから、空間の汎用性、多用途性が高い。
〔1〕親睦促進を重視（宴会や会食）	・主に飲食を伴う交流となり、料飲やエンターテイメント等の人的サービスにより高い付加価値を生み出す。
〔2〕情報交換を重視（会議や大会）	・必要とされる人的サービスは、通訳や資料作成、プレゼンテーションなどの情報伝達支援となる。
〔3〕人材育成を重視 ・セミナー、及び研修合宿） ・各種の合宿	・多数の中小会議室（教室）と設備機器が必要となる。 ・音楽合宿等は音響設備、スポーツ合宿では屋内外のスポーツフィールドなど、目的により固有の空間が必要となるタイプもある。
②物品の展示が中心 ・商品展示会＆商談会（メッセ）	・①と同様に平面空間で可能であるが、展示する商品内容により大規模空間が必要となる。また、展示演出のための仮設工事や展示商品の搬入、搬出動線が重要となる。
③出演者から多数の参加者への情報伝達が中心	・「出演者」対「多数の観客や聴衆」となるため、大規模になるほど、舞台装置と、そこに視線を引きつける階段状の観客席を持つ空間が必要となる。 ・大きな収容力と特殊な設備（音響、照明等）が必要となり、空間の汎用性・多用途性は低くなる。
〔1〕文化交流行事 ・講演会 ・劇、音楽会など ・ショー、エンターテイメント	・空間に多用途性を持たせた文化ホール、専門特化した音楽ホール、劇場など。 ・ショー、エンターテイメントは、小規模なものでは宴会場や料飲店舗で料飲サービスと組み合わせた形態もある。
〔2〕スポーツ交流行事 ・大会、競技会	・屋内外の専用のフィールドと多数の観客席が必要となる。

このように、展示会場は基本的に目的に応じた音響・照明、設備機器などのカスタマイズによる演出が必須となるため、これらの仮設工事や演出を行う装飾事業者のノウハウが不可欠となる。

これに対して、階段状の会場（舞台と客席、特殊音響照明）は、出演者から観衆・聴衆への情報伝達（主にEvent）に適している。しかし、その用途以外には利用しにくいため、会場の稼働率が低くなりがちであり、そのため公的ホールが中心である。

また、表3の①〔3〕人材育成行事は宿泊を伴う合宿タイプのように日常生活圏から切り離された環境で数日間行うことで効果が高まるため、宿泊施設が優位に立つ。

次に、③文化・スポーツ交流行事はほとんどが公共セクターの施設でプロモーターが主導して提供しているが、宴会場や料飲店舗での料飲サービスの付加価値を上げるための小規模な音楽イベント、ディナーショーなどは宿泊施設でも実施可能である。

(2) 交流目的により異なるサービスニーズと消費額

宿泊施設や公的施設に限らずＭＩＣＥの会場施設経営では、「親睦促進のために料飲サービス重視」か「情報交換のために会議設備と会議進行サービス重視」かにより、以下の経営特性が現れる。

料飲サービス重視の場合は、親睦促進サービス（料飲、エンターテイメント、ホスト・ホステス役割、ゲームイベント等）としての人的サービスの付加価値が高いため、面積当たり売上額は高くなるが、反面、一定の利用率がなければ固定人件費が経営の負担となる。

一方、情報交換サービス重視の場合は、空間の利用権（会場賃貸料、施設利用料等）が付加価値の中心であり、人的サービスは情報交換促進（通訳、資料配付やプレゼンテーション支援）に留まるため、面積当たり売上は低くなるが、反面、人件費や原材料費がかからないため、営業利益率は高くなる。そして、人件費率が低いことは稼働率が低い場合でも営業赤字となりにくい特性を持つ。

また、出演者からの情報伝達（表3の③）では、出演者が提供する情報（音楽や劇、試合）が最大の付加価値であり、空間利用権としての付加価値は低くなる。

(3)　官民の役割分担と都市戦略の必要性

以上の経営特性から、汎用性があり、また宴会にも活用できる平面会場は民間事業者が提供し、高い稼働率が期待できない階段状の会場や必要面積が大きい展示会場は公共が提供するという棲み分けが行われている。そして、宿泊施設が優位性を持つのは表3の①〔1〕の料飲サービスを伴う親睦促進交流であり、会場賃貸料のみでは採算性が確保しにくい大規模ＭＩＣＥ（国際会議や展示会、文化イベント等）は公的コンベンションセンターやホール、メッセがこれに特化した機能を提供している。

このため、その都市・観光地でどのような会場をどのようなラインアップで提供するかは、その都市・観光地のＭＩＣＥ集客戦略をもとに、ホールミックス戦略（都市全体で異なる種類・規模の会場の最適組み合わせ）を設定していくことが重要である。さらに前述したようにＭＩＣＥでは付随的に分科会や参加団体別の宴会・会食が発生することが多いため、宿泊施設と公的会場の連携が重要となる。

四　観光産業と観光地にＭＩＣＥが果たす役割

(1)　観光産業と観光地の課題

多くの観光地では、居住人口の減少と高齢化により地域のサービス産業が衰退傾向にあり、そのため観光振興により交流人口を増やすことで地域経済の活性化が必要とされている。しかし、旅行の発生月（図2）を見ると、観光旅行は需要変動（季節変動や曜日変動）が大きいのに対して、業務旅行はその変動幅が小さい。そのため業務旅行需要が大きい都市では需要の変動幅は小さいが、業務旅行の目的地とならない観光地では需要変動が大きくなり、そこに立地する観光産業は都市に立地する産業よりも資本生産性、人時生産性ともに低くなる。

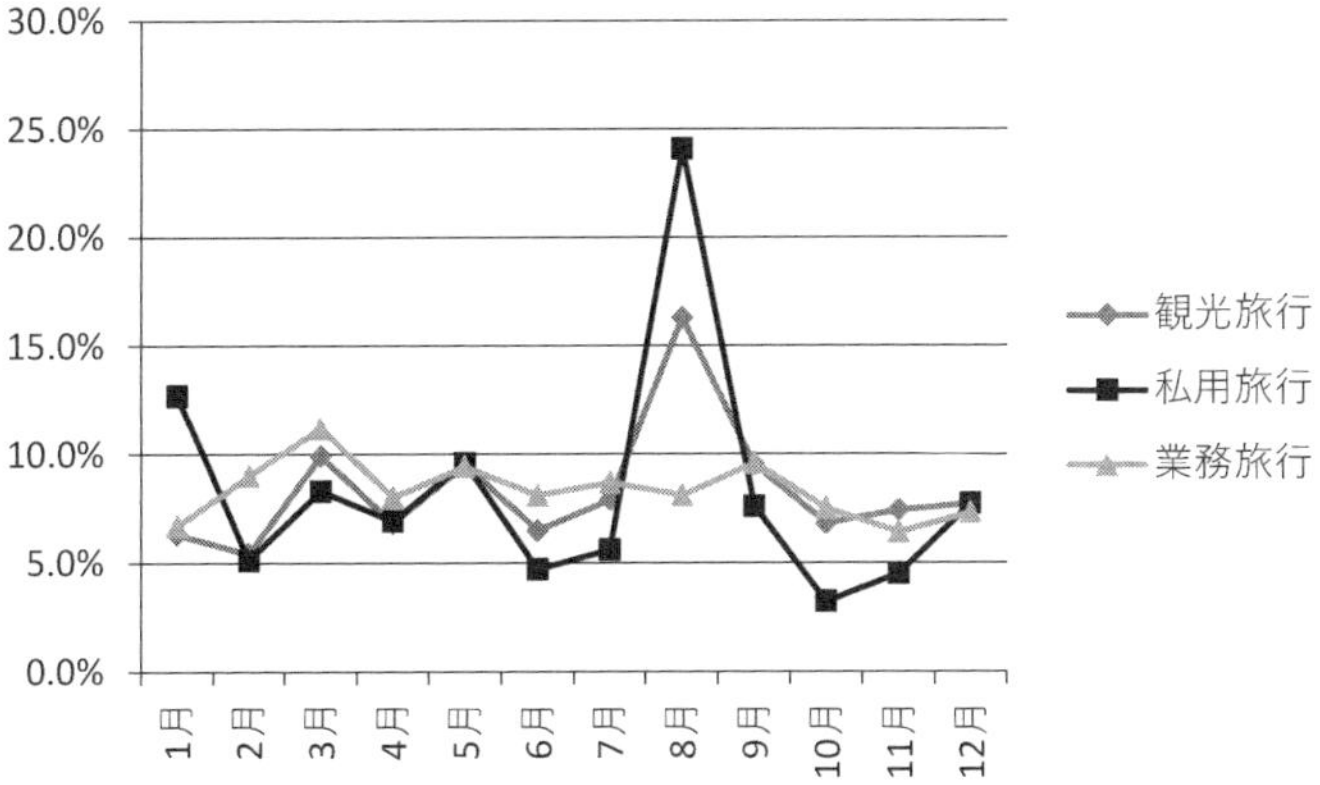

（出典）　観光庁「旅行・観光消費動向調査」(2019年)

図２　旅行出発月の比率(2018年)

そこで観光地に業務旅行需要を呼び込んで、観光のオフシーズン、オフ日（平日）の入込を拡大することで需要変動を小さくして生産性を上げることが求められており、その中心となるのがＭＩＣＥの誘致である。このように観光地へのＭＩＣＥ誘致はオフ対策という効果が大きい。

大規模なＭＩＣＥでは数日間の滞在となり、アフターコンベンションの観光活動により、観光産業の裾野を形成する小売業、外食産業その他への経済波及効果が大きいため、今後の観光地の誘客戦略として重要である。

しかし、大都市を除く大部分の観光地ではＭＩＣＥに必要な大規模な会場の設備投資は採算的に困難であるため、地域の立地特性に即した中・小規模のＭＩＣＥ誘致を基本戦略とすることが必要である。その戦略の一つは国内大会・地方大会などの国内客の誘致であり、二つは近隣の大都市で開催される大規模ＭＩＣＥに付随して発生する分科会やエクスカーションツアー（付随する観光）の目的地として近隣大都市と連携して誘致活動をすることである。

(2)「非日常＝普段の生活では得られない特別な体験」が誘客のキーワード

観光の基本は非日常の体験であるという原点を顧みると、あらゆる活動や体験が「非日常」であることでその場所への旅行目的が生まれる。ＭＩＣＥも同様であり、参加者がそこで滞在するあらゆる場面で非日常を感じられるような魅力づくりが求められる。

その第一は、観光地としての街並みの魅力であり、これは、周辺の自然環境や地域固有の歴史文化を表現する都市景観、街並み景観、田園景観の形成である。第二は、文化・観光施設や宿泊施設の集積の魅力であり、特に、五ツ星クラスから一ツ星クラスまで、大規模ホテルから分散型宿泊施設（民泊等）まで、多様なラインアップが必要となる。第三は交流の舞台となる会場の魅力であり、これはユニークベニュー（特別な会場）として、その国や観光地の歴史文化を表現できる会場であることが必要となる。多くのホテルの宴会場や公的会議施設は汎用性を重視して無個性な施設となりがちであるため、この要素は重要である。第四は、飲食、買物の魅力であり、これも地域の特産食材、郷土料理などの商品開発を地域の農林水産業と協力して行うことが求められる。第五は、ナイトライフ機能、エンターテイメント機能の充実である。

最後は、住民や観光従事者のホスピタリティであり、特に今後重要となる国際ＭＩＣＥにおける住民の国際理解、異文化を理解して歓迎する気持ちがＭＩＣＥのその地域へのリピーター、固定開催に結びつくのである。

ビジネスイノベーションとしてのＭＩＣＥ

—ＭとＩを中心に—

竹田育広

はじめに

ミーティング（以下、Ｍと表記）、インセンティブトラベル（以下、Ｉと表記）を企画・主催する企業のニーズを、ＭＩＣＥのサプライヤーがどのように探索し、今後のＭＩＣＥビジネスの拡大に繋げていけばよいか。このテーマを難しくしている要因の一つに、ＭとＩが他の二つ（ＣとＥ）と比べて、情報が集まらない、すなわち実態がわからないことが挙げられる。ＭＩＣＥビジネスの今後の発展には、ＭとＩの拡大は必須である。この章では本来、会社内部で解決できることをあえて社外で開催することの組織内外への効果を踏まえつつ、サプライヤーがＭ・

Ｉビジネスとどう関わっていけばよいのかを考えることにしたい。

以下、現状のＭＩＣＥに対する疑問を挙げて問題提起をする。そのあとで、Ｍ・Ｉビジネスの基本的特徴を説明し、社外で開催するミーティングの実施例、ならびに企業が従業員に与えるインセンティブのあり方について行動経済学の知見を活かした考え方を提示する。最後に、企業が直面する経営課題に見合ったミーティング会場の工夫を述べる。

一　現状のＭＩＣＥに関する疑問点

一つ目は、開催業種が固まってしまっているのではないかということ。つまり、多様な系列店をもつ、海外支店が多いなどの条件に合った業種に偏っている。これまで実績のない業種でも開催の機会を広げていくことができれば、ＭＩＣＥの、特にＭ・Ｉビジネスのマーケットが拡大するのではないか。

二つ目は高額消費への期待が高すぎないかということ。医学系、大規模な予算を持っている団体、あるいは富裕層にばかり目が向いていないか。そこに参入して競合との獲得合戦をすることが誤りとは言えないが、誘致力を持つ地域は大都市のほんの一握りで、どの地域でも享受できるものではない。

三つ目は地方の内陸地での中小規模での開催を想定したサプライヤー側の誘致競争にシフト

していくことが長期的に重要ではないかということ。日本という非常に狭い国土から見れば、全国にＭＩＣＥを広めていくためには、高額消費や大都市開催だけではおそらくいずれ頭打ちになり、発展は望めないだろう。

四つ目はサプライヤーの競争力はＭとＩのトレンドに追いついているのかということ。例えば、巡回型の国際会議は一過性であり、毎年同じ場所で開催されるわけではない。よって、ＭＩＣＥを開催した翌年は通常の観光で再訪してもらう必要がある。一方、Ｉの場合でも、長期信用の固定型が多く、やはり同じところで毎年任せていただいているような状況が多いのではないか。そこに風穴を開けられるほど競争力および提案力を持っているかということである。

五つ目は、企業経営の中でインセンティブの扱いというのはどう変わってくるかということ。例えば、日本経済団体連合会（経団連）が発表したデータでは、福利厚生費、とくに法定外福利厚生費は一人当たりで見ると年々下がる傾向にある。今までインセンティブトラベルを実施したことがない企業では、できるだけ少ない開催経費で高い効果が得られる提案を求めている。結局のところ、ＭＩＣＥの開催企業ニーズとしてコストパフォーマンスがある。

開催地を選ぶ時は、アクセスがよいこと、大規模なスペースがあることが二大条件となる。これらは開催経験の有無に関わらない。開催実績の有無で分かれる条件には、開催経験があるところでは研修会、全体会議、そして懇親会、宿泊まで一体的なサービスがある会場を選ぶ傾

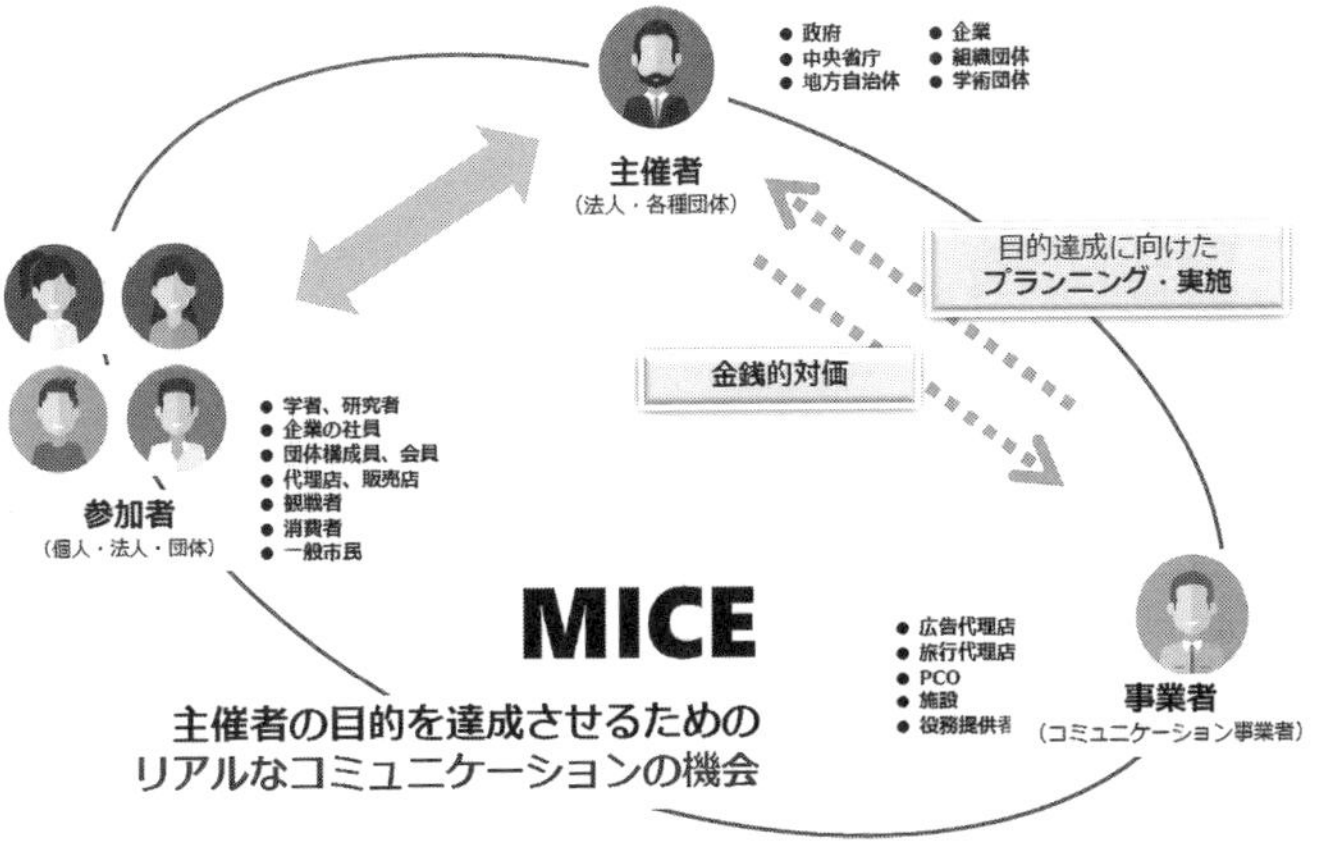

（出典）㈱JTB総合研究所資料を基に作成

図1　MICEの基本構造

向がある。逆に、未開催の企業では、近くて、会場規模も適正で、しかもリーズナブルである会場を好むケースが多い。最終的には企業内でインセンティブ設計の考え方、今後の見直しの方向性に左右されてくると考えられる。

二　M・Iビジネスの基本

(1) MICEの基本構造

MICEは、計画・実施する主催者と参加者、そして参加者と主催者に商品とサービスを提供する事業者によって成り立つビジネスである。図1は観光庁が定義するMICEビジネスの効果、意義である。その中の一つに「ビジネスイノベーション」が含まれている。ここでは諸外国から多くの参加者、また日本の企業の方々が、いったん同じ場所に集まることによって新しいビジネスが生まれる、あるいは購入・交流が生まれるといった意味である。

⑵　一般観光とＭＩＣＥの違い

表１によると、ＭＩＣＥに注目する理由の一つは、一人当たり消費額の違いである。一人当たり三三万六〇〇〇円、約三〇万円近い消費が見込める。なおかつ、外国人観光客一人当たりで見れば、その倍以上の金額になる。ただ、国によって支出額に差があることが分かっている。二〇万円を超えている国はイギリス、フランス、イタリア、スペイン、オーストラリアといった欧州そして中国である。一方で、一番低いのが韓国で八万円程度となっている。

一般観光とＭＩＣＥの違いの前提には、観光需要の季節変動性がある。どうしても一般観光の場合には、まとまった休暇が集中するため、激しい混雑が起こりやすい。この変動の隙間を埋める存在がＭＩＣＥである。

次に、両者はビジネス形態にも違いがある。一般観光は個人を対象にしたＢ to Ｃ市場であるのに対して、ＭＩＣＥの場合にはＭおよびＩ、コンベンション（Ｃ）はＢ to Ｂの市場であり、展示会（Ｅ）は個人の参加を促す目的からＢ to Ｃ市場に当てはまる。

両者の事業がもたらす波及効果は、ホテル、旅行といった共通するところのほかに、展示、飲食、装飾、印刷、広告といったＭＩＣＥ特有の効果が含まれる。また、ＭＩＣＥの実施時期

表1　一般観光とＭＩＣＥの違い

項　目	一般観光	ＭＩＣＥ
ビジネス形態 顧客対象	B to C市場 個人が対象	ＭとＩとＣはB to B市場で企業が対象 ＥはB to C市場で個人消費者が対象
多様なビジネスへの波及	宿泊業、交通運輸サービス、旅行業、観光施設、農業、製造業、小売・飲食サービス	展示・会議施設、ホテル、旅行業、農業、製造業、小売飲食サービス・装飾・印刷・広告業
実施時期	時間帯・曜日・季節によって需要量が変動する	曜日・季節によって要量の変動は少ないよって、平日・閑散期開催が可能である主催者との調整で需要管理も可能になる
費用支出の母体	個人支出	企業・団体支出
訪日外国人 一人当たりの消費額	一五三、〇二九円(二〇一八年の数値)国別によって、金額差がある。二〇万円を超える国は、中国、英国、フランス、イタリア、スペイン、オーストラリア。東南アジア地域は、一〇万から一二万程度。韓国が最も低くて七・八万円。	三三六、七六〇円 社会的ステータス高い企業のマネジメント層の外国人参加者が多い。ビジネスのあとで、プライベート目的の飲食・買い物・観光消費が期待できる。

(出典)　観光庁作成資料をもとに筆者作成

は、曜日、季節によっての需要量の変動が少ないことから、主催者との調整によっては平日開催、閑散期開催が可能になる。つまり、主催者側とのコミュニケーションやニーズの聞き取りによって、開催時期を柔軟に決められることがＭＩＣＥの利点でもある。

(3) 会議の種類

企業が開催する会議は、目的別に「区切る」会議、「発散する」会議、「教える」会議、「整理する」会議、「共有する」会議、「決定する」会議に分けられる(表2)。以下、それぞれの会議の特徴を整理する。

表2　社内で開催する会議の種類

種類		特徴
「区切る」会議	始業式、年始会、決起会、キックオフミーティング、中間報告会、成果報告会など	セレモニー、イベント的な意味合いが強調されるが、組織運営において重要な意味を持つ会議が多い
「発散する」会議	ブレーンストーミング、アイデア出し会、ネタ出し、ワイガヤなど	適切にモデレーションを行えば、非常に価値が高い会議となる。
「教える」会議	トレーニング、勉強会、研修会、説明会など	教わる側の重要性が強調されることが多いが、実は教える側が知識や理解を整理していることが最も重要。
「整理する」会議	連絡会、協議会、スケジューリング会など	「何をやって、何をやらないか」を明確にすることが最も重要。情報共有を兼ねる場合もある。
「共有する」会議	報告会、連絡会、確認会議、営業会議など	最も開催される頻度が高いが、付加価値の低い会議。
「決定する」会議	経営会議、役員会議など	区切る会議や整理する会議、共有する会議を兼ねているケースもある

(参考)　URL：https://workstyle.ricoh.co.jp/article/meeting-types.html

区切る会議は、節目で行われる始業式、年始会、決起会、キックオフミーティング、中間報告会、成果報告会のようなセレモニーとかイベント的な意味合いが強い会議のことを指す。これらは組織運営の中では重要な意味を持っているものが多い。

発散する会議は、ブレーンストーミングとか、アイデア出し、ネタ出し、ワイガヤなどの面白い意見、アイデアを出していくような会議のことを指す。これらは脳内を刺激する形で適切にデモンストレーションを行えば非常に価値が高いものとなる。

教える会議は、研修会、説明会、勉強会、トレーニングを指す。これらは教わる側がどれほど身についたのかといった教育効果よりも、教える側が知識や進め方を十分に理解していることの方が大事となる。

整理する会議は、連絡会、協議会、スケジューリング会が当てはまる。これらは何をやって何をやらないかを明確にしていくような、一種の節目に関する会議になるのかもしれないが、情報共有を兼ねている場合もある。だいたいメールで済ませてしまう場合が多い。

共有する会議は、報告会、連絡会、確認会議、営業会議などを指す。これらは一番頻度が高い会議で、営業などの部署名が付く会議、役職の肩書きで開かれることもある。しかし、頻度が高い割に付加価値が低いという問題点がある。

決定する会議は、経営者による役員会議、経営会議などを指す。これら開催の目的が区切る会議、整理する会議、共有する会議とも共通する点が見られ、いろんな要素を併せ持つ会議である。

企業内部でこれだけの会議が開催されていることを踏まえつつ、これらの会議を社外での開催に変えていくことができれば、ビジネスチャンスが広がるのではないか。ただ、そこまでして外部化する必然性が社内にあるのかということも考えておかなければならない。

三　MとIのビジネスポイント

(1) 社外開催のミーティングの特徴

現在、社内で行っているブレーンストーミング、アイデア出し、キックオフを社外開催に変えるのも一つの方法である。社内で開催している会議を社外で開催するという動きは、そもそも社外で開催することのニーズを探索しなければならない。そして、新たに提案を作成し、開催企業への理解と実施意欲を引き出し、開催費用を費やしてでも社外化するメリットを強調していくことが求められる。つまり、組織のゴールとミーティングのゴールを同じにした提案をしていくということがポイントになってくる。

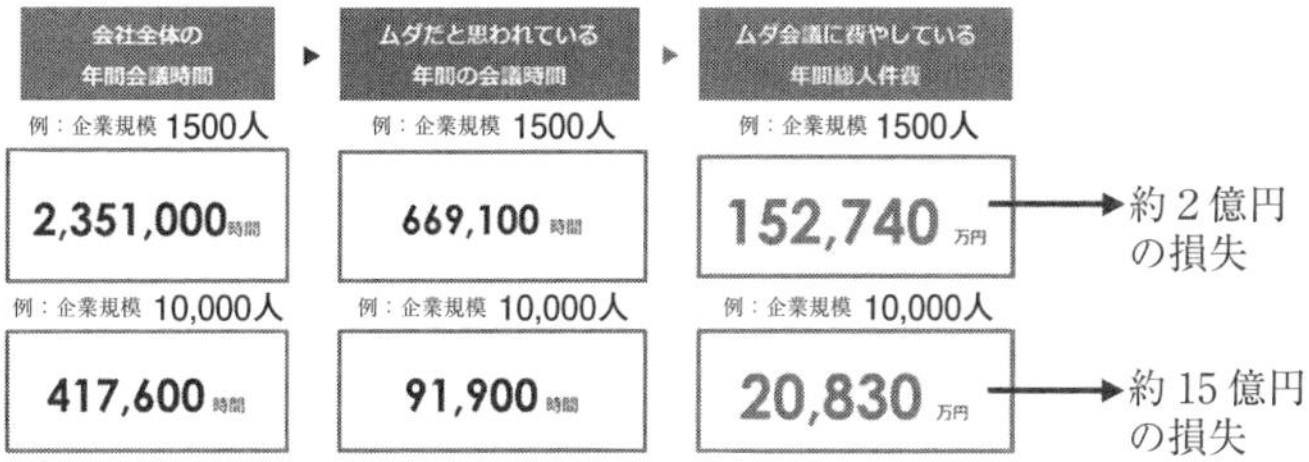

（出典）　パーソル総合研究所・中原淳（2017-18）「長時間労働に関する実態調査（第一回・第二回共通）」

図２　日本企業の社内会議における効率性の悪さ

（2）社内ミーティングの問題点

日本と欧米でのミーティングに対する考え方にはギャップがある。まず、日本の場合は、ミーティングありきの組織体質が見られ、ミーティングの効率性は重視されていないことが挙げられる。つまり、無駄な会議が多いのである。図２によると、一五〇〇人規模ぐらいの企業では、年間約二億円の損失、さらに一万人以上の組織になると年間約一五億円の損失を被っている。

無駄な会議だと実感する最も大きな要因は、会議が終わっても何も決まっていないことにある。本来、ミーティングで生まれるコミュニケーションが、価値創造や企業の業績向上に繋がる会議にこそ意味がある。

これに対して米国の場合には、日本よりもミーティングを科学的思考でとらえている。つまり、ミーティングの目的を何にするか、効率性を重視した会議運営に焦点を当てているのが欧米のミーティングの特徴である。

(3) 社内ミーティングの社外化

近年になって、企業が開催費用を投じて社内ミーティングを社外化する動きが見られつつある。社外化の方法として、「ハドルミーティング」と「リゾートミーティング」を紹介する。

特に、リゾートミーティングはすでに多くのホテルで提供されているサービスである。

ハドルとは、アメリカンフットボール(アメフト)の休憩時間の短い間に行う打ち合わせのことである。アメフトの選手が一体化して肩を寄せ合うくらいの距離間で、立ったまま短い時間で次の作戦を練る。これを同じように企業でも当てはめたもので、特別な場所は選ばず、背の高い丸テーブルが置けるスペースがあれば済む。例えば、エレベーターの目の前あたりに机を立てておけば、椅子も用意することなく立ったままミーティングすればよい。いつもと違った空間でミーティングをすることにもなり、新たなアイデア創出効果が期待できる。

続いて、リゾートミーティングは、ホテルなどの非日常空間を使って会議をすることである。その効果としては、ハドルミーティングとも共通するが、普段と環境を変えることができ、思考を開放的にして、より今まで出てこないアイデアなどを出していくことができる。よってチーム力を上げたり、元々目的としていた問題を解決したり、コミュニケーションを改善したり、主体的に課題に取り組んだりするといった、従業員のモチベーションのアップに繫げていくことができる。

二つの例に見られるように、空間ビジネスというオフサイトミーティングの提案が徐々に増えていく。これはミーティングの外部化をして、Mの対象を広げている。

(4) 企業にとってのインセンティブトラベルの意味

インンセンティブトラベル（報奨旅行）は、組織内部の成績優秀な社員、従業員、販売代理店などに与えるものである。また、招待旅行は、内部の人間以外に、外部の同業職や関係機関までを招待して行われるものである。これらの税務上の扱いについては、福利厚生費で扱える場合もあるが、多くは労働の対価としての給与、賞与扱いとなる。

ここからは褒美とモチベーションの関係について、行動経済学および心理学の分野で業績のあるダン・アリエリーの実験例を紹介しながら検討をしてみよう。

月曜の朝、職場に到着すると、三通のメールが届いていた。いずれのメールもその日の成果に対する報酬を約束する内容が書かれていた。一通目には日本円で約三〇〇〇円程度の現金ボーナスを約束するというものであった。二通目の内容には、上司から滅多にもらえない褒め言葉がもらえるという内容が書かれていた。そして、三通目にはピザの無料クーポンを渡すという内容が書かれていた。

この実験は三通のメールのうちで、どのメール内容が最もその日の仕事のモチベーションを向上させたかを検証するものである。最もモチベーションを向上させたのは、三通目のピザの無料クーポンで、最も低かったのが現金であった。つまり、三〇〇〇円よりもピザが最もモチベーションを上げる褒美だったのである。二通目の褒め言葉もピザとは〇・一ポイント差であった。この実験結果によって、ひょっとすると現金で褒美を与えてやる気を出させるという方法ではなく、社内の今までなかったアプローチ方法があるように見受けられる。

ダン・アリエリーが指摘するように、非金銭的なインセンティブによって、従業員のやる気を変えられる場合、インセンティブ旅行をあえて行わなくてよいかもしれない。これに対して、某旅行代理店が行った調査では、従業員にとって一番嬉しいのは「現金と旅行」であるという回答結果が得られている。このようなアンケート調査は気をつけて見ないと、色々隠れたものがある。調査によって結果はまちまちで、どれを信じるかは個人差がある。

(5) 企業のインセンティブ設計のあり方

ナッジ概念は、行動経済学でノーベル経済学賞を受賞したリチャード・セイラーによるもので、「肘で単純に軽く突く」という意味である。つまり、大掛かりなことは行わずに、科学的な根拠に基づいた小さなきっかけを与えることで人間の行動を正しい方向に変えていく方法である。非金銭的な側面から企業のインセンティブを考えるとき、ナッジ概念を生かすことができる。

ナッジを活用した事例がいくつかある。有名な例として、男性の小便器に星印のシール（外国ではハエのシール）を貼り付けることで、そこに目掛けて用を足すようになり、四方八方へ飛び散らなくなる。この他、経済産業省内に設置された「ＭＥＴＩナッジユニット」のようにナッジを政策に応用する動きもみられる。

先に述べた実験結果にもあるように、企業内で上司からの褒め言葉が生産性の向上に繋がることから、人間の心に響くような褒め言葉を考え、褒める文化を構築していくことを検討すべきである。

もう一つは、企業の中でできるナッジとしては、従業員のエンゲージメントを上げていくことである。これは従業員満足とは違い、企業と従業員の関係をより強固なものにするという意味である。エンゲージメントには「契約」や「婚約」といった意味もある。グローバル企業の社員は、どちらかと言えば金銭的報酬よりも社会貢献や自己実現ができる企業に対するエンゲージメントが高いという結果が明らかとなっている。

したがって、金銭だけで人が動かせる時代は終わりに近づいている。企業内部での科学的検証に基づいたナッジによって従業員のやる気を変えていくことができるのではないだろうか。

こうした考え方に基づき作成したのが図３である。通常のミーティングやインセンティブト

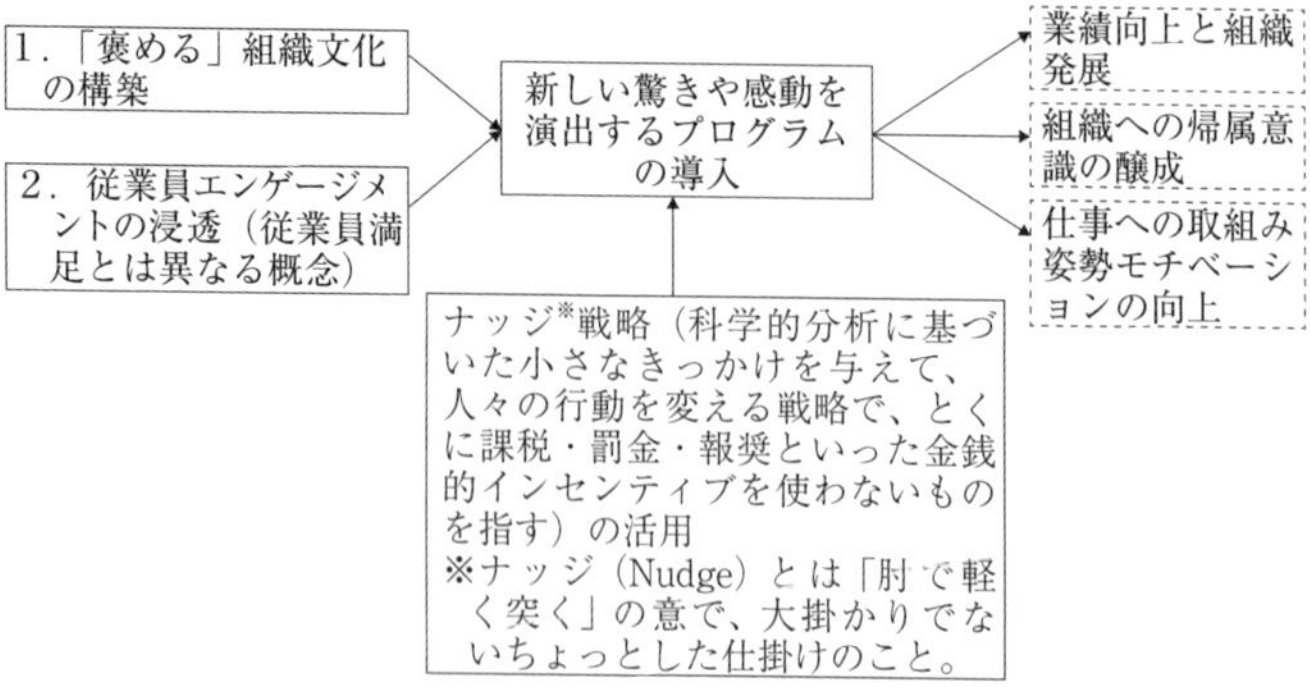

（出典）　筆者作成

図3　企業のインセンティブ設計のあり方

ラベルを見直すとき、新しい驚き、感動を演出するプログラムを、外部にいるサプライヤー企業のほうから、主催者企業に提案することが必要となってくる。これによって社内で考えられていたインセンティブトラベルやミーティングの非効率的な部分を変えることができる。その結果、企業業績の向上、組織発展、組織への帰属意識の醸成、仕事への取り組み意識向上へ波及する。肝心なのは、サプライヤーがニーズをどう把握し、プランに反映させていくかである。

　これからどうやって企業はインセンティブを設計していけばよいのか。またそれにどうやってサプライヤーはニーズを捉え、いかに提案していけるのか。サプライヤー側が大規模予算を前提とせずに、ナッジを効果的に使った提案を実行し、自らの商品を魅力的にすると同時に、M・Iビジネスの基盤を強化していくことが求められてくるであろう。

企業が考える「5年後」の経営課題	会議・インセンテイブの目的	会議・インセンテイブの実施スタイル	
		社内開催	社外開催
事業基盤・組織強化・活性化	意思決定 関係構築 業務共有	経営会議 役員会議 報告会、連絡会、確認会議、営業会議 入社式・内定式	株主総会 周年イベント・記念式典 労働組合の大会 入社式・内定式
新製品・新サービス・新事業の開発	戦略決定 営業・ブランド強化 販売計画	ブレーンストーミング アイデア出し会、企画会議 キックオフミーティング	新商品発表会 マーケティング会議 展示・商談会
人材の強化	人材採用 人材育成 人材多様化	トレーニング 勉強会 社内研修会 説明会	
収益性の向上	KPI設定 ビジョン設定 組織一体化		
グローバル化	コミュニケーション ネットワーキング		国際会議

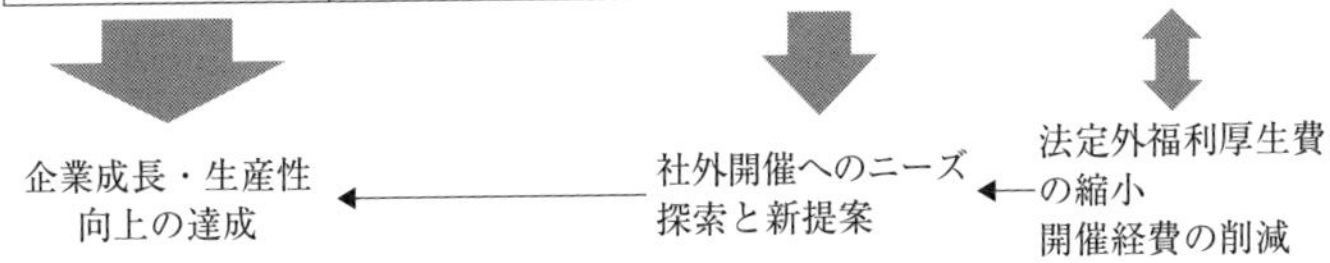

（出典）　筆者作成

表3　企業の経営課題とM・Iビジネスの関連性

最後に、表3にしたがって、企業の経営課題とＭ・Ｉビジネスとのつながりについて検討する。最終的には企業経営とＭＩビジネスの関係性は、企業成長、生産性向上を達成させることに見出すことができる。しかし、実際には生産性はそれほど向上していないことは日本全体にとっての大きな課題である。日本産業能率協会が発表した「日本の経営課題二〇一八」によれば、五年後に最重要となる経営課題として事業基盤、組織強化・活性化が挙がっている。その次に新製品やサービス・新事業の開発、三番目に人材の強化、四番目に収益性の向上、五番目にグローバル化といった順序になっている。

例えば事業基盤や組織強化・活性化の経営課題に対しては、意思決定、関係構築、業務の共有を目的としたミーティングの開催が見込める。また、新製品、新サービス、新事業の開発には決定戦略を決める、営業ブランドを強化する、販売計画を立てるといった目的での開催が見込めるだろう。

参考文献

観光庁「平成二九年度ＭＩＣＥの経済波及効果算出等事業報告書」平成三〇年三月
観光庁「ＭＩＣＥのミーティング及びインセンティブにおける海外顧客ニーズ調査報告書」平成三〇年三月
柴田彰『エンゲージメント経営—日本を代表する企業に学ぶ人と組織の関係性—』日本能率協会マネジメントセンター、二〇一八年

ＭＩＣＥ開催におけるユニークベニューの重要性

綛田はるみ

一　ユニークベニューとは？

(1)　ユニークベニューという言葉の捉え方

ユニークベニューという言葉は直訳すれば「特別な会場」である。我が国のＭＩＣＥビジネスを牽引してきた(故)浅井新介もユニークベニューについて「特別な会場」とし、「有名な美術館、劇場、博物館など特別感のある会場」と意味づけている。[1]また、浅井同様我が国のＭＩＣＥビジネスの先駆者と言える田部井正次郎は「普段は使われない美術館・博物館や神社・仏閣などを特別に開放して行われるレセプション」として紹介している。[2]

田部井の意味づけでは「ベニュー」が空間・場としてではなく、レセプションという「出来事」として捉えられているが、それぞれの捉え方の特徴は、次の通りである。浅井の定義は「特別感のある」、すなわち「このような場所で…」という利用者側が抱くであろう意外感を言外に感じさせるという文脈により、言わば会場を利用する側に立ったものである。一方、田部井は「特別に開放して」とあるように、会場を提供する側に立っている。

また一九六七年に創立された、我が国初のPCOである日本コンベンションサービス株式会社（以下、JCS）は、「ユニークベニューとは、国際会議場や国際展示場等施設、アフターコンベンションの場として、伝統のある歴史的建造物（お城、寺院、神社）、文化施設（美術館、博物館、水族館）などの空間を利用し会議やレセプションを開催することで、参加者に日本の地域特性を活かした、特別な演出ができる会場」とする。[3] ユニークベニューを「国際会議場や国際展示場等施設、アフターコンベンションの場」と位置づけ、その使途を明確に規定していること、「参加者に…特別な演出ができる会場」ということで、会場を提供する側に立った捉え方をしていることが特徴だと言える。しかしながら、「特別な演出ができる」ということは裏を返せば、「特別感や地域特性を享受できる」ということでもあり、「会場を利用する側からの捉え方」として解釈することも可能である。これは次にみる独立行政法人国際観光振興機構（通称、日本政府観光局、以下JNTO）および国土交通省観光庁（以下、観光庁）の説明も同様である。

我が国における国際的なＭＩＣＥ誘致機関としてユニークベニューの発掘・活用の重要性を訴えているＪＮＴＯのユニークベニューの捉え方をみると、「ユニークベニューとは、歴史的建造物、文化施設や公的空間等で、会議・レセプションを開催することで特別感や地域特性を演出できる会場のこと」とある。[4] また、観光庁は「ユニークベニュー（Unique Venue：特別な場所）」とは、「博物館・美術館」「歴史的建造物」「神社仏閣」「城郭」「屋外空間（庭園・公園、商店街、公道等）」などで、会議・レセプションを開催することで特別感や地域特性を演出できる会場」としている。[5] 観光庁の定義はＪＮＴＯの「歴史的建造物、文化施設や公的空間等」という箇所について、ＪＣＳの説明と同様により具体的に該当施設タイプを例示しているものであり、同時に「特別感や地域特性を演出できる会場」という箇所はＪＣＳ、ＪＮＴＯ、観光庁ともほぼ同じ内容の説明である。

ここまでみてきたとおり、「ユニークベニュー」という言葉は、「会場を利用する側」にとってユニークであるのか、「会場を提供する側」にとってユニークであるのかという点について、ともすると利用者側、提供者側いずれにも解釈できることにより、ユニークベニューの活用等について議論する際には留意しなければならない。

(2) ユニークベニューという言葉の本義

我が国において研究対象としてはもちろん国際的なビジネスとしてもＭＩＣＥが注目され始めたのはここ数年のことである。ましてＭＩＣＥの誘致活動においてユニークベニューが重要な意味を持つことに業界関係者や行政の理解が深まってきたのは最近のことである。そうしたユニークベニューであるだけに、その本義を的確に押さえるとともにわかりやすい内容で説明することは、業界関係者や行政の共通理解を確立する上で大切である。

ユニークベニューという言葉の本義を押さえる上で、基本的なポイントはやはり「ユニーク・特別な」という点である。浅井、田部井、ＪＣＳ、ＪＮＴＯ、観光庁の「ベニュー・会場」の捉え方に共通するのは、博物館・美術館、神社・仏閣、その他文化施設や公共空間等々が、当該施設・空間に由来する本来の用途ではない使い方、たとえば会議やレセプション等に活用される場となることである。ここで、「その場の本来の用途・使用目的を超えて活用される」というユニークベニューの要件が導き出される。さらに、そうした用途外利用が日常的なものとなっては「特別感」が消失することから「臨時的・時限的に活用される」という要件も加わる。したがって、たとえば「古民家を移設・利用したレストラン・宴会場」、「（建設当初とは用途を変えて）日常的に営業を営む飲食施設等に転用された歴史的建造物（群）」などはユニークベニューの範疇からは当然外れる。

博物館・美術館・水族館

沖縄美ら海水族館（沖縄県本部町）

動植物園・花鳥園

松江フォーゲルパーク（島根県松江市）

歴史的建造物

神奈川県庁本庁舎（神奈川県横浜市）

以上により、「ユニークベニューとはその場の本来の用途・使用目的を超えて、しかも臨時的・時限的に活用される施設・空間」として意味づけるのが適当であろう。ただし、それだけでは実際に利用者に「特別感」を与えることができるか否かはわからない。やはりＪＣＳやＪＮＴＯ、観光庁の説明にあるとおり、利用者が特別感を感じられるよう、イベント主催者・企画提案者が当該空間に演出を施すことができ、その結果として「利用者が『ＷＯＷ』」を発することができる空間」として位置づけることが要件である。

このような場所が本来の目的を超えて特別に使用されるなら「ユニークベニュー」と言える（沖縄美ら海水族館や松江フォーゲルパーク、神奈川県庁本庁舎はユニークベニューとしての活用実績がある。前ページ写真参照）。

二　ユニークベニューの意義

(1)　ユニークベニューの使途

まずユニークベニューとして活用される場合、どのような使途があるのか、ＭＩＣＥのＭ、Ｉ、Ｃ、Ｅに分けて紹介する。

・Ｍ（企業ミーティング）の場合

会議、周年記念式典における、総会・セミナー・シンポジウム・レセプション・ガラパーティー・チームビルディング等の会場として、会議室・講堂・ホール・ホワイエ・エントランス、庭園等が活用できる。

・I（インセンティブ・イベント）の場合

成績優秀者の表彰式・研修セミナー・親睦パーティ・チームビルディングなどの会場として、会議室・講堂・ホール・エントランス・（博物館・美術館などの）展示室・庭園等が活用できる。当該空間に特別な仕掛けがあればさらにそのイベントにとって効果的である。

・C（国際会議）の場合

学術会議・国際会議・政府関連会議・レセプション等の会場として、会議室・講堂・ホール・ホワイエ・エントランス・庭園等が活用できる。

・E（展示会・見本市、イベント）の場合

展示会や見本市（小規模～大規模）およびそれに伴う商談会や関係者による親睦パーティー会場として、会議室・講堂・ホール・ホワイエ・エントランス・庭園等が活用できる。施設によってはイベント・プログラムとして会場内見学ツアーも可能である。またコンサートやファッションショー等の会場としてホールや庭園等が活用できる。

(2) ユニークベニューの効用

前述したような形で様々な施設をユニークベニューとして活用した場合にどのような効用がもたらされるのか。主体別にみていく。

① 主催者(企業・団体)にとっての効用

参加者が明らかに特別な場で特別な雰囲気・環境の下に参加し、特別感に浸ることができ、喜ぶことは、主催者にとっても何よりの喜びであり、満足感を与える。参加者の関心を引き出すことにより、参加者が増大したり、また次も参加したいと思ってくれたりするなら、主催者にとってそのイベントは「成功イベント」となる。

ではユニークベニューでのＭＩＣＥ参加が参加者にもたらす効用は何か。次に例示する。

・会場が文化財である場合：参加者の知的満足、そしてそこから可能となり得る想像力・創造力の向上。

・特にＭ・Ｉに関連するビジネスイベントの場合：参加者への刺激により業務に関わるアイデアや創造力の向上。刺激的かつ印象的な時空間を一定のメンバーで共有したことにより、その組織に対する愛着が高まる。

参加者がこのような効果を享受できることは、参加者のみならずその主催者に対する効果ももたらす。これらは主催者の企業にとって開催効果・ＲＯＩ(投資効果)が大と言えるからだ。

② 会場提供施設にとっての効用

ユニークベニューとして会場を提供する施設にとっての効用は何か。次に例示する。

・会場貸し出しに伴い、直接的には会場使用料などの収入が入り、言わば外部資金の獲得につながる。博物館・美術館・庭園など文化施設は一般的に日常の運営収支が厳しいため、貴重な収入となる（したがって欧米の博物館・美術館・庭園等はユニークベニューとしての貸し出しに積極的である）。休館日や閉館後の施設利用が可能となり、そうした面でも収入獲得の機会が広がる。

・施設の認知度・知名度が向上し、それが新たな来館者層の開拓につながり、来訪者数の増加が期待できる。

・文化財の場合、主催者・参加者や当該イベント企画・開催に関わる関連企業等にその価値や魅力に気づいてもらうことができる。その結果、保存・保全へ向けた関心が増し、寄付も期待できる。

・会場提供によって地域のＭＩＣＥ誘致力が高まれば、地域貢献につながる。

③ 開催地域にとっての効用

ユニークベニューとして活用された施設が立地する地域において期待できる効用は以下のとおりである。

・ユニークベニューでのイベントの多くは何らかの形で地域特性を反映したものとなる。言い換えれば地域特性を活かした演出があってこそユニークベニューでのイベントがより魅力あるものとなるということである。そこで、ユニークベニューでのイベントは、参加者に感動体験を与えるとともに、その地域の文化に対する新しい知識やポジティブな理解をもたらす場合が多い。そのイベントが開催地の住民参加も組み込んだイベントであれば参加者（地域住民、イベントによる来訪者ともに）の当該地域への愛着度も強まる。

・これらは、参加者による再来訪の可能性を高めると同時に、「家族に見せたい」「友達を連れてきたい」という波及効果、さらに口コミ効果へと広がる。

このようにユニークベニューでのイベント開催は、その折りの一時的な効用に留まらず、地域にとっては将来的にも好影響を及ぼすものとなる。

三　我が国におけるユニークベニューの開発と活用に向けた取組み

次にユニークベニューの開発と活用に向けた、国、地方自治体（含む、観光コンベンションビューロー）、民間事業者（施設）の取組みの現状についてみていく。

(1) 国

国が官民あげてユニークベニューの開発と活用に取り組み始めたのは二〇一三年六月に「日本再興戦略」が決定された時期からである。「観光資源等のポテンシャルを活かし、世界の多くの人々を地域に呼び込む社会」の形成に向けて、「国際会議等（ＭＩＣＥ）誘致体制の構築・強化」を図るために「国や自治体の文化施設・公共空間等の利用開放等を進め、イベントの活性化を図る[6]」ことが推進されるようになった。

その後、二〇一六年三月に策定された「明日の日本を支える観光ビジョン―世界が訪れたくなる日本へ―」では、「文化財の観光資源としての開花」を図るべく、「従来の『保存を優先とする支援』から『地域の文化財を一体的に活用する取組への支援』に転換」し、『観光コンテンツとしての質向上』の施策として「（文化財の：筆者加筆）ユニークベニュー等への観光活用の促進[7]」が謳われた。そして二〇一七年三月に閣議決定された観光立国推進基本計画においては政策的な位置づけがさらに具体的に行われた。すなわち、「国際競争力の高い魅力ある観光地域の形成―観光資源の活用による地域の特性を生かした魅力ある観光地域の形成」の一環として「文化財に関する観光資源の保護、育成及び開発―文化財の観光資源としての魅力[8]」が掲げられた。

こうした流れの中で観光庁は、二〇一三年八月にＭＩＣＥ誘致・開催に関わる民間事業者・

団体から構成される「ユニークベニュー利用促進協議会」を組織した。同年度にはユニークベニューの開発と利用促進を図るため、「ＭＩＣＥの誘致拡大に向けたユニークベニューの利用促進事業」として、実際にユニークベニューを活用したモデルイベントを開催し、さらにユニークベニューの主な提供者である博物館・美術館を対象とする「ユニークベニューＨＡＮＤＢＯＯＫ博物館・美術館編」の発刊に取り組んだ。二〇一四年度には「ユニークベニュー利用促進協議会」の取組みとして、博物館・美術館、歴史的建造物、神社・仏閣、城郭、屋外空間（庭園・公園、商店街、公道など）の管理者向けに「ユニークベニュー　ベストプラクティス（好事例）集―地域ならではの施設の新たな可能性に向けて」を刊行し、ユニークベニューとしての施設開放に向けた啓発を進めた。その上で二〇一七年度にはユニークベニューを活用したイベントを企画・提案する立場に立つＰＣＯや旅行会社、広告代理店等を対象に、そのコンセプトメーキングや会場演出の技法に関わるガイドラインについて記載した「ユニークベニュービギナーズガイド」を制作した。これらの施策と同時に、ユニークベニュー施設を活用したレセプションや会議等の開催にあたって開催費用を負担する「ユニークベニュー支援事業」や「ユニークベニュー利用促進に向けた地域連携モデル構築事業」が実施されている。

　このように、国は特定の施設・地域をモデルとして取り上げて、ユニークベニュー活用に向けた課題を検証しながら、その成果を織り交ぜてユニークベニュー候補施設および関係事業者の啓発に取り組んできている。

(2) 地方自治体

地方自治体におけるユニークベニュー開発と活用に関わる取組みは、当然のことながらそれぞれのＭＩＣＥ誘致への姿勢と表裏一体である。全国的にみると先進的な取組みを進めているのは東京都と京都市である。以下、東京都と京都市の取組みを主にみていく。

① 東京都

東京都は二〇一五年に策定した「東京都ＭＩＣＥ誘致戦略～揺るぎないプレゼンスの確立を目指して～」において、ＭＩＣＥ誘致をめぐる東京都の「弱み」の一つとして「ユニークベニューの少なさ」を取り上げた。そして「ＭＩＣＥ参加者が東京滞在を楽しめるよう、歴史的建造物や美術館・博物館等の文化施設をユニークベニューとして活用したレセプション等の成功事例を積み上げ、施設所有者や利用者等の理解を深めるとともに、実施ノウハウを蓄積することで、更なる取組を促進する[9]」ことを謳っている。

このような政策の下、ユニークベニューとしての活用が可能な都内の施設(都立施設・民間施設)を宣伝するするパンフレット「TOKYO Unique Venues」(日英併記)を二〇一六年に作成し、企業やＭＩＣＥ関係事業者、在日外国大使館等に配布している。このパンフレットに掲載されている施設は、浜離宮恩賜庭園、池上本門寺、観世能楽堂等々五七施設に上り、レセプション等で利用されたときの会場の設えイメージ等も掲載されておりわかりやすい（二〇一七年度版）。また、同パンフレットの二〇一七年度版制作にあわせて、各施設の収容力、基本情報や歴史、三六〇度画像を活用した施設案内など使用イメージを紹介する専用ウェブサイト（日本語・英語）も開設している。

さらに公益財団法人東京観光財団では、会議やインセンティブツアー等の主催者が施設をユニークベニューとして利用する際の会場設営費に対して助成を行う「ユニークベニュー会場設営支援事業」、ユニークベニューの会場となる施設の受入れ機能の向上に向けて施設の所有者・管理運営者等が行う諸設備の導入や設置工事経費を助成する「ユニークベニュー施設の受入環境整備支援事業」を創設、実施している。

東京観光財団は「ビジネスイベント」の誘致を事業の柱の一つとしており、組織的にもコンベンション事業部を設け、多数の専門スタッフを配している。会費の他に、東京都が設けている、観光の振興を図る施策に要する費用に充てることを目的として導入されている宿泊税が財政的な基盤にあることから、今後ともユニークベニューの開発・活用を含めＭＩＣＥの振興に対し強力に取り組んでいくものと思われる。

② 京都市

京都市では二〇一〇年に全国の自治体に先駆けてＭＩＣＥ戦略「京都市ＭＩＣＥ戦略」を、二〇一四年には「京都市ＭＩＣＥ戦略二〇二〇」を策定した。同戦略においては主要四施策が定められている。その内の「主催者が京都を選択しやすい環境を整える」ために「多彩な集積資源を活かしたユニークベニュー活用化の推進」を掲げている。さらに「京都にふさわしいＭＩＣＥ誘致の強化を図る」方策としても「京都ならではのユニークベニューの開発」が取り上げられている。[10] 京都市が二〇一三年に設定した、国宝・重要文化財を有する二条城（世界遺産）をユニークベニューとして活用する「世界遺産・二条城ＭＩＣＥプラン」事業はこうした取組みの代表的なものである。

誘致に使用するユニークベニュー施設案内のツールとしては「京都ユニークベニューガイド」が日英併記で作成されている。これには地図・アクセス・利用可能時間・問合せ先・写真などのほかに、「ＭＩＣＥ」開催の際に必要な情報として利用可能な会場の設置階、面積、収容人数、飲食の可否、ケータリングの可否なども掲載されている。このような工夫は、ユニークベニューとしての魅力を伝え、ＭＩＣＥ主催者側の関心をとらえるものと言える。

③ その他

横浜市では横浜美術館や三菱みなとみらい技術館など二一施設、金沢市では金沢城公園等二二施設、名古屋市は名古屋城等一二施設、大阪市は大阪市中央公会堂等一六施設、神戸市は北野異人館旧レイン邸等一三施設、広島市は広島おりづるタワー等一六施設、福岡市は川端商店街等一二施設が、ユニークベニュー会場として公開されている。しかし、数的には東京都や京都市には及ばないことがわかる。

ただ、都市によっては、横浜市のようにユニークベニューという用語を使わず、「(横浜ならではの)ユニークな施設、個性豊かなレセプション会場」として取り上げているケース、金沢市のように「金沢ＭＩＣＥユニークベニューガイド」を発刊しているケース(日本語のみ)、大阪市のようにＭＩＣＥに特化したＭＩＣＥ専用公式サイトで記載・紹介しているケース、広島市のようにミーティング・プランナー向けのガイドとあわせて紹介しているケース、福岡市のように商店街や広場などの屋外空間を前面に出して紹介しているケースなどがあり、それぞれに特色がみられる。

(3) 民間施設の取組み

ユニークベニューとして活用される施設には、神社・仏閣、動植物園、美術館・水族館等々、民間が創設・運営する施設も多い。ここでは他都市・地域でも参考となると思われる二例を紹介したい。

①　ガンガラーの谷（沖縄県南城市）

ガンガラーの谷は観光鍾乳洞として人気の玉泉洞や、往時の沖縄の家並みを復元し観光見学利用に供している琉球王国城下町等を経営する株式会社南都が、管理・運営している。「数十万年前までは鍾乳洞だった場所が崩れてできた、豊かな自然が残る亜熱帯の森。約一万八〇〇〇年前に生きていた『港川人』の居住区としての可能性も高く、今も発掘調査が行われ、『自然』や『命』に思いを巡らせながら体感していただくことをコンセプト[11]」とする空間である。森の中を専門ガイドともに探索するツアーへの参加が利用の必須要件であり、それも事前予約制となっており、一般的な観光利用はできない。

　このガンガラーの谷の入口に位置する洞窟が「ケイブカフェ」として活用され、各種のパーティーやイベントなどに対応した異色のユニークベニューとなっている。ユニークベニューと言えば、各種ミュージアムや歴史的建造物、あるいは商業空間など人工的な構築物が活用されることが多いが、利用する上での安全性が担保されるなら、ガンガラーの谷のような自然地形・奇岩奇勝空間も魅力的なユニークベニュー候補となる。

②　ＤＭＯ六本木と神社等（東京都港区）

ＤＭＯ六本木は二〇一四年九月に森ビル株式会社の先導の下に設立されたＤＭＯ組織である。「東京・六本木エリアのブランディングアップと活性化を目指す[12]」ことを目標としており、二〇一九年六月時点で二一の事業体が会員として参画している。会員の属性は都市ディベロッパー、不動産会社、ホテル、会議施設、マスメディア、ミュージアム、エンターテイメント施設、そして老舗の高級和菓子製造・販売会社、神社（乃木神社）である。このように多彩な会員から構成されることから、ミーティングやインセンティブ・イベント等を主催する企業・団体の多様なニーズに応じて、「東京・六本木だからこそ過ごせる特別なプラン」[13]が提案できる。たとえば、神社でのセレモニーイベントにおいて和菓子や日本酒等を組み合わせたイベントプランの実現を可能としている。

　ユニークベニューはそれ単体でも演出次第で「ＷＯＷ空間」となるが、ＤＭＯ六本木の取組みは、その演出あるいはイベントプランに、地域・エリア全体としての協力・連携により他の魅力要素を組み合わせることができ、それが「ＷＯＷ」をさらに高める好例と言える。

四　今後の課題

㈠　絶対数の問題――利用ニーズに合わせた多様な選択肢（ベニュー）の用意

「二　ユニークベニューの意義」で述べたように、ＭＩＣＥでのユニークベニュー使用は多様である。したがって、参加者数に限っても、数十名程度の報奨旅行や企業会議などから、数千人規模のものまである。また、大規模な国際会議やイベントにおいても、その中での小規模ミーティング、レセプション等もある。さらに、開催目的、参加者属性なども様々であり、それを受けた会議やレセプションのコンセプトによって、求められるベニューの種類（タイプ）、そしてその設えは異なる。そのため、利用ニーズに合わせた多様な選択肢（ベニュー）の用意が大切であり、それには一定数の確保が必要となる。

東京都のユニークベニュー専用サイトには前述の通り五七（二〇一九年一〇月）の施設が掲載され、さらに検索機能もある。しかし、外資系ランドオペレーター等からは、まだまだ量的に不十分だという声もあがっている。

ちなみに、ロンドンではユニークベニュー・オブ・ロンドンが一九九三年に設立され、二〇一九年七月時点でロンドン周辺の八八カ所の施設が掲載されている。英国では、二〇〇〇年前後財政状況が悪く、政府から博物館等への運営補助金が削減された。そのため、不足分を補うためユニークベニューとしての使用料金を充てることも、ユニークベニュー促進の狙いとされた。たとえば、ロンドン自然史博物館ではイベント収入が研究や展示物の維持費に充てられることとされ、これにより学芸員の賛同も得やすかったとされている。さらにロンドンオリンピック開催において、参加国のオリンピック委員会がレセプションなどにユニークベニューを会場として選ぶことも多く、二〇一二年には一〇〇カ所以上のユニークベニューが利用された。オリンピック後も「London, Now See It For Yourself」キャンペーンを行うなどしてユニークベニュー利用を呼び掛けたことにより、翌二〇一三年も観光客数が増加となった。一般的にオリンピック翌年は観光客数が減少する中、このような現象は珍しい。

観光立国を掲げる我が国は、東京二〇二〇オリンピック・パラリンピック競技大会終了後のインバウンド振興のため、二〇三〇年に二〇一八年対比で一・九倍の外国人旅行者数六〇〇〇万人の誘客を目標としている。また、外国人旅行者消費額に関しては、二〇一八年対比で三・三倍の一五兆円という高い目標を掲げている。そのためにも参加者の消費単価が高いとされるＭＩＣＥの誘致による外国人旅行者の誘客が重要である。ロンドンと東京を一概に比較するわけにはいかないが、その演出ステージとしてのユニークベニューは不可欠である。また、地方圏では、二〇一八年対比で一・五倍の外国人延べ宿泊数一億三〇〇〇万人泊を二〇三〇年に目指すことになっている。この目標を達成するためには、今後、東京に限らず、ユニークベニューの開発をとおした地方圏へのＭＩＣＥ誘致、地方圏でのＭＩＣＥ開催を進めていく必要があるだろう。

㈡　感動体験（ＷＯＷ）創出と専門人材の育成

ユニークベニューでのイベント開催に際して最も重要なことは、感動の創出である。日本でのイベント企画を依頼される外資系ランドオペレーターは、「wow proposal」をよく要求されるという。どのような「ＷＯＷ」が提案できるか、演出できるかが重要であることがわかる。芸能鑑賞、文化体験などのアトラクション、参加者が経験したことのないようなサプライズ企画、個人手配では実行不可能な企画を単に羅列するのではなく、ストーリーとして組み立てる。こういったことが「ＷＯＷ」につながる。

このためには、コンセプトメーキングに始まる「演出企画力」「ストーリー構成力」が必要となり、それを担当するミーティングプランナーの育成が大切である。たとえば、報奨旅行であれば、その報奨にふさわしい感動体験の演出が必要とされる。研修やセミナーであれば、アイスブレーキングやチームビルディングに有効な活動が好まれる。ミーティングプランナーは、主催者との打合せを通して、場合によっては主催者の潜在的なニーズまで理解し、提案する力が必要となる。

演出の技法も工夫が必要である。たとえばプロジェクションマッピング、ＡＲ、ＶＲなどの最先端技術を用い、音響、照明、映像などをより効果的なものとする。日本にも各種サービス会社、ケータリング会社などあるが、海外の演出ノウハウに学ぶ余地はまだある。

（三）　スピード感ある対応

国際ビジネスにおいて、スピード感は大切であり、ユニークベニュー利用に関しても同様である。特に、ユニークベニューの使用に関わる交渉において、①決定権限者がわからない、したがって、②何度も同じ説明をしなければならない、③そもそも問合せに対する応答が遅いという指摘がランドオペレーターやミーティングプランナーから聞こえる。また、きわめて基本的な問題であるが、海外では一年以上前の施設予約が可能であるのに対し、日本の場合、予約を一年以内に限る施設が少なくない。そのため、決定が遅くなり他の地域での開催を検討せざるを得ないというケースもある。これらは開催の可否に関することである。

さらに、開催決定後のレンタル用品の変更、通訳手配・人数などの急な変更に関する対応の遅さもランドオペレーターやミーティングプランナーから指摘されている。こうした対応の遅さが影響して、たとえ開催が決定しても、ユニークベニューを活かした企画・演出準備に要する時間が短くなり、運営に影響を及ぼす。

㈣　ユニークベニューを提供する施設側における受入れノウハウの習得

前述のスピード感ある対応をはかるためにも、ユニークベニューを提供する施設側における受入れノウハウの習得が不可欠となる。この点について「ユニークベニューＨＡＮＤＢＯＯＫ」（ユニークベニュー利用促進協議会）では「６Ｗ２Ｈ」の重要性を述べている。この「６Ｗ２Ｈ」について、「利用依頼に際してユニークベニュー提供者が確認・検討すべき主な八項目等」と

■ 利用依頼に際してユニークベニュー提供者が確認・検討すべき主な8項目等

確認・検討すべき主な8項目とそのポイント
Why(なぜ？)：イベントの目的や意義
What(何を？)：希望する実施内容 ＊音響、火気、飲食などの確認も重要
Who(誰が？)：施設側と利用者側の役割分担
Whom(誰に？)：イベントの参加者及び属性　参加予定人数
When(いつ？)：期間　時間　日程 ＊当日のみではなく搬入、施工、撤去も想定
Where(どこで？)：実施場所　搬入　撤去の占有場所　動線 ＊近隣への配慮も必要
How(どのように？)：準備　実施　撤去の段取り　運営方針　実施報告書提出有無
How much(いくらで？)：貸出料金　備品利用　光熱費　什器　駐車場料金　人件費　キャンセル料　追加延長料金

（出典）「ユニークベニューHANDBOOK」(ユニークベニュー利用促進協議会)を基に、綛田が一部加筆作成)

して筆者なりに整理すると上掲のとおりである。

ユニークベニュー提供者は、依頼に関して上記八項目を検討することになるが、もっとも重要なことは「なぜ?」である。主催者・提案者が「なぜ(それを使いたいか、行いたいか)」を確認することが他の検討項目における対応、そして対応困難な場合の代替提起につながる。

おわりに

日本はMICE開催地として多くの優位性を持っている。政治的に安定していること、安全性、衛生面の高さ、時間管理・進行管理の正確さなどは、ＭＩＣＥの機能的な運営に寄与する。また、季節感にあふれた自然や、歴史、生活文化、伝統などの魅力と、アニメやテクノロジーなどの現代的な魅力が共存していることも日本の強みである。こうした機能的な運営をいわば「ユニークベニューにおけるイベント開催のインフラ」として、各種のベニューにおいて展開することができる活動（会議、式典、展示会など）を一つのモデル的なパッケージ商品とすることができれば、それはＭＩＣＥの誘致・開催に大いに寄与する。ユニークベニューは日本の強み・魅力を表現する場、魅力伝達の場と言える。

また、ユニークベニュー開発はＭＩＣＥ誘致・開催に有効であるだけでなく、利用される施設・空間や開発される地域の魅力再発見にもつながることを忘れてはならない。ユニークベニューにおけるイベント開催をとおして地域社会が活性化し、その活性化はさらに日本文化を見つめ直すきっかけにもなる。

こうした可能性を帯びたユニークベニュー開発・活用に向け、官民あげた推進体制の強化が望まれる。

横浜商科大学は、二〇一八年度及び二〇一九年度において「ＭＩＣＥビジネス中核人材育成講座」を観光庁より受託し、企画・実施を行った。本稿執筆において、同講座における講師、受講生の方々との意見交換が貴重な知見となった。ここに記して関係各位に謝意を表したい。

参考文献

ユニークベニュー利用促進協議会：ユニークベニューＨＡＮＤＢＯＯＫ博物館・美術館編、(二〇一三年度)
ユニークベニュー利用促進協議会：ユニークベニュー　ベストプラクティス(好事例)集(二〇一四年度)
観光庁：ユニークベニュービギナーズガイド(二〇一七年度)
東京都：TOKYO　Unique　Venues　https://tokyouniquevenues.jp/
京都文化交流コンベンションビューロー：京都ユニークベニューガイド二〇一八(二〇一八年三月)

注

(1) 浅井新介(二〇一四)「ＭＩＣＥ　マイス・ビジネス概論」横浜商科大学、一五頁。
(2) 田部井正次郎(二〇一七)「観光ＭＩＣＥ　集いツーリズム入門」古今書院、八〇頁。
(3) ＪＣＳ　ＷＥＢサイト
(https://www.convention.co.jp/news/detail/contents_type=16&id=574)より。
(4) ＪＮＴＯ　ＷＥＢサイト
(https://mice.jnto.go.jp/organizer-support/unique-venue.html)より。
(5) 観光庁ＷＥＢサイト(http://www.mlit.go.jp/kankocho/page07_000020.html)より。
(6) 日本再興戦略-JAPAN is BACK(二〇一三)八三―八六頁。
(7) 明日の日本を支える観光ビジョン構想会議：明日の日本を支える観光ビジョン(二〇一六)八頁。
(8) 観光立国推進基本計画(二〇一七年)二一頁。
(9) 東京都(二〇一五)「東京都ＭＩＣＥ誘致戦略～揺るぎないプレゼンスの確立を目指して～」一四頁、

一二三頁。

(10) 京都市(二〇一四)「京都市ＭＩＣＥ戦略2020」一五頁、一六頁。

(11) ガンガラーの谷　ＷＥＢサイト：http://www.gangala.com/tani/#tani01　より。

(12) ＤＭＯ六本木　ＷＥＢサイト：http://www.dmo-roppongi.jp/ja/about/　より。

(13) 同上。

横浜MICEゾーンの成り立ち
——横浜港・山下埠頭再開発における歴史的経緯——

恩田登志夫

はじめに

横浜港の開港は、今から振り返ると一六〇年前の一八五九年である。当時の横浜は、東海道から離れた場所にあり、それを結ぶ街道もなく寂しい寒村であった。現在の繁栄を、誰が想像できたであろうかと思うほど、大きく変貌を遂げた場所である。その契機となったのが、外国貿易を行うために必要であった横浜港の開港である。現在では、「港はその国の産業を現す鏡である」と言われているが、まさに横浜港は、開港後一六〇年にわたり、我が国の政治経済の変動とともに大きな変化を映してきたと言える。

本稿では、横浜港が我が国の産業の発展に重要なインフラとして機能してきたことを、大きく三つに分けて指摘する。一つは、開港後に躍進した生糸の集積の拠点であったことである。江戸時代の幕末期において、外国人を排斥する攘夷運動が盛んになると、幕府は諸外国からの開港要求を決定できる権限がないまま、日米修好通商条約を締結し、横浜港を開港してしまった。その結果、我が国の政治体制を変えるほどの激しい内乱により明治維新は誕生した。この幕府の決断は、外圧に屈したように思われるが、外交官の要求であった神奈川宿の沖合を拒否し、幕府の狙いどおり横浜港を開港場として誘導したことは、その後の生糸貿易の発展に繋がり、現在でも我が国の貿易拠点港として大きな役割を担っている。そして各地の生糸生産地から横浜港に至る輸送ルートは、明治維新後の鉄道輸送に引き継がれ、近代の首都圏交通網の基盤として生かされている。二つめは、第二次世界大戦後、横浜港は我が国の経済復興の拠点であったことである。戦後の我が国はGHQ占領下にあり、港湾機能の復旧・復興は後回しにされてきた。その理由は、我が国が再び戦争に巻き込まれれば、港は軍事的な拠点になりかねないことから、GHQは港の復旧を遅らせてきたのである。しかしながら、我が国の経済政策は、早期に経済復興を成し遂げるために、産業振興を進め、外国貿易を増加させることにより外貨を稼ぐことであった。そのギャップが露呈したのが一九五五年以降に発生した「船混み」現象である。三つめは、我が国の高度経済成長期を支えた製造業は、為替政策の変更により産業構造の変化が発生し、多くの主力製造業者が、中国をはじめ東南アジア地域に生産拠点をシフトした。横浜港は、貿易取扱量も頭打ちとなり、物流もコンテナを中心としたシステムに移行し、在来貨物船が着岸する山下埠頭の利用頻度が著しく下がった。現在その山下埠頭は、横浜港の貿易を支えた物流地区からＩＲ法にもとづくＭＩＣＥ[1]機能を有する観光地区へ変貌を遂げようとしているのである。

一　M・I理論の視点整理

産業構造の変化に関する研究では比較優位論の研究が多い。とくに、赤松要（一九五六）が提唱した雁行型経済発展論とＲ・ヴァーノン（一九六六）が提唱するプロダクト・サイクル理論は有益な視点を提供している。雁行型経済発展論は、まずは製品の輸入を前提とし、その後、輸入代替による生産活動が強まり、国内需要を越える生産量は輸出に向けられる雁行基本型と、一国の産業構造が農業―軽工業―重化学工業―機械工業に多様化し、高度化することを前提とした雁行副次型の二つの基本的理論がある。つぎに、Ｒ・ヴァーノン（一九六六）が提唱するプロダクト・サイクル理論は、産業構造および貿易構造の変化に関して、市場における新製品には一定のサイクルが存在することを明らかにし、またその製品に比較優位を持つ国が異なることを指摘している。

本稿では、横浜港が取り扱う輸出品目が、第一次産品である生糸を中心として発展し、その後、第二次産業の軽工業から重化学工業、機械工業に進展してきたことから、雁行型経済発展論の雁行副次型の理論を援用すると、第三次産業であるサービス業に進化発展していることを補足する。

二　開港前後の横浜と生糸輸送ルート

開港前後の横浜は、幕府と外国領事官との政治的駆引きにより誕生したことから、どのように短期間で港湾の整備を図り、どのように地方の生糸生産地から横浜港に輸送するルートを確保したのか整理する。

まず、港湾の整備である。開港場に決定した横浜村は、半農半漁の一〇〇〇戸ほどの農民が生活していた寒村であり、その農民を移転させることで開港場として短期間に整備した。そして最初に整備したのは運上所[2]であった。その運上所と港崎町（現在の横浜スタジアム）を結ぶ線の東側を外国人居留地、西側を日本商人の居住地として造成している。また、沖合に停泊する外国船から貨物を積み降ろし、小舟を係留する波止場[3]を二カ所建造した。東側は外国貿易用であり、西側は国内貿易用として建設した。

つぎに、地方の生糸生産地から横浜に輸送するルートである。輸送ルートは、陸路で横浜ま

表1　明治初期の輸出状況

1868年（約15百万円）		1872年（約17百万円）		1877年（約23百万円）	
生糸	40.2%	生糸	30.6%	生糸	41.2%
蚕卵紙	23.9%	茶	24.8%	茶	18.7%
茶	23.0%	蚕卵紙	13.2%	水産物	6.6%
水産物	3.6%	水産物	6.7%	蚕卵紙	1.5%
その他	9.3%	その他	24.7%	その他	32.0%

（出所）　横浜税関『横浜税関百三十年史』1983年

で輸送する場合と、水路・海路を使用して輸送する二つの方法があった。陸路ルートは、東海道と横浜間の街道が整備されていなかったため、幕府は、早期に東海道の芝生から横浜に通じる「横浜道」を整備した。「横浜道」が整備されると上州、信州、甲州からの生糸は、八王子を中継拠点として横浜まで陸送され、多くの生糸がこのルートで横浜に輸送されるようになった。「絹の道」の誕生である。つぎに水路・海路である。海上輸送では、利根川上流には河岸があり、その河岸で生糸を船に積み込み、江戸川を経由し、江戸から海路で横浜に輸送していた[4]。その後の生糸輸送は、鉄道輸送に振り替えられ、東北本線、高崎線、上越線、信越本線、中央本線として現在でも存続している。

(1)　輸出貿易の状況

開港直後の一八五九年には、一時的に金貨が多く輸出されていたが、継続的に輸出品目のトップに位置していたのは生糸であった。横浜開港後の生糸貿易が盛んになった背景として、大きく二つあげることができる。

一つは、ヨーロッパで蚕の微粒子病が蔓延し、生糸が不足していたことである。一八五三年のフランスでは、約二六〇〇万キログラムの繭生産量があったが、一八六五年に早くも五五〇万キログラムにまで減少している。

二つめは、当時の生糸輸出国であった中国（当時、清国）の内乱である。欧州では蚕の微粒子病が蔓延し、欧州の生糸生産量の不足を中国からの輸入で賄っていたが、中国は、重税に苦しむ農民の反乱である太平天国の乱により、生糸輸出拠点であった上海港が機能を停止し、清国からの輸出が止まったことである。

このような情勢下、外国商人を相手にする日本の商人は、売れ筋の商品がわからないまま、金属製品、絹織物、綿織物、蝋、陶器、漆器、魚の乾物等を店先に並べていたものの、外国商人が注目したのは、隅に置かれていた生糸であった。外国商人は、品質が良く、価格が安い生糸を発見し、大量購入し、欧州で売却することにより大きな利益をあげていた。同じく日本商人も外国商人が高値で生糸を購入したため、莫大な利益をあげることができたのである。

(2) **輸入貿易の状況**

開港当初の横浜港の輸入額は、輸出額に比べると低かったが、次第に輸入額が輸出額を上回

表2　明治初期の輸入状況

1868年（約11百万円）		1872年（約26百万円）		1877年（約27百円）	
綿織物	23.8%	毛織物	27.6%	毛織物	17.7%
毛織物	18.2%	綿織糸	20.4%	綿織物	15.3%
綿織糸	11.6%	綿織物	18.7%	綿織糸	14.9%
綿花	3.9%	機械類	1.0%	機械類	7.8%
機械類	0.6%	綿花	0.3%	綿花	1.5%
その他	41.9%	その他	32.1%	その他	42.9%

（出所）　横浜税関『横浜税関百三十年史』1983年

るようになる。輸入品目では、綿織物、毛織物、綿織糸が中心であり、その後機械類の輸入額が増加している。これは、後進国型貿易の典型であり、第一次産品を輸出し、工業製品である衣服等の輸入額が多くなり、輸入代替政策により機械類の輸入が増えるパターンである。したがって、綿織糸、綿織物、毛織物が輸入増加したことにより、国内の綿栽培を減少させることになるが、消費財の国内需要増加により、機械類の輸入金額が増加している。

三　戦後経済復興の拠点である山下埠頭建設と輸送形態の変革

第二次世界大戦後の横浜港は、我が国経済の復興にともない、多くの変化が表れている。一つは、新しい埠頭の整備と輸送形態の変革となるコンテナ船の導入である。

まず、新しい埠頭の整備である。第二次世界大戦後の横浜は、占領軍により多くの施設が接収され、一九四六年では港湾施設の九〇％、全市街地面積の二六％が接収されていた。さらに一九五一年に調印された日米安保条約では、瑞穂埠頭を無期限に在日米軍が使用することになり、瑞穂埠頭の代替地として山下埠頭の建設が始まったのである。ちなみに、瑞穂埠頭は、いまだに返還されず、在日米軍が使用し続けている。

　山下埠頭建設事業は、一九五三年の第一期事業から第三期事業まで約一〇年にわたり埠頭整備が行われた[5]。しかし、なぜ山下埠頭の完成まで多くの年月を必要としたかといえば、大きな問題を抱えながらの建設工事であったからである。それは、山下埠頭の水域には漁業権が設定されていたため、地元漁業者との漁業補償交渉には時間がかかり、交渉妥結したのは山下埠頭の建設を開始してから約六年後の一九五九年九月であったことが影響している。

　つぎに輸送変革であるコンテナ船の導入である。一九六〇年代に入るとコンテナ船が登場し、主要航路の北米航路、欧州航路は、コンテナ船化が一気に進み、多くの輸出入品目はコンテナによって輸送されるようになった。このことから山下埠頭では、コンテナ船が着岸できず、在来貨物船だけが着岸する埠頭は陰りを見せ始めた。

　コンテナ船が着岸する埠頭では、コンテナ処理に対応する広大な土地が必要であるため、山下埠頭のように在来船の貨物を扱う埠頭とは異なる体制が必要であったのである。そこで、一九六六年五月、運輸大臣は、海運造船合理化審議会に対して「我が国の海上コンテナ輸送体制の整備について」諮問し、同年七月に「海上コンテナ輸送体制の整備計画」を立案した。この方針に沿い、横浜港では、本牧埠頭A突堤をコンテナ専用埠頭とし、さらに本牧埠頭D突堤の在来船岸壁を改良して、コンテナ船に対応する岸壁に変更している。その後の港湾整備計画は、コンテナ船に対応した埠頭が中心に行われたため、山下埠頭は、海上輸送の急速な変化に対応できず、横浜港の主役の座は本牧埠頭、大黒埠頭、南本牧埠頭にシフトした。時代の変化に対応できない山下埠頭は、輸出コンテナに貨物を積み込む作業、輸入コンテナから貨物を積み降ろす作業の荷役場所として使用されてきた。

(1) 輸出品目の変化

戦後の世界貿易の拡大は、工業間貿易の拡大、つまり水平的貿易の拡大でもあり、我が国の輸出品目でも大きな変化が出現している。戦後の復興政策により民間の貿易活動が解禁されると、軽工業の代表的な輸出品目である繊維品は、急激に輸出割合を減らし、我が国の産業政策に呼応するように重工業である機械類の輸出が増加している。そして一九六〇年代に入ると、第二次産業である製造業の軽工業から重工業への移転が進んだことを示唆する輸出構成比率の逆転が起きている。これは戦後復興の証として、機械産業の生産体制の整備に官民が積極的に取り組み、相次ぎ新製品を市場に投入したことで、製品の多様化と多角化により輸出金額が伸

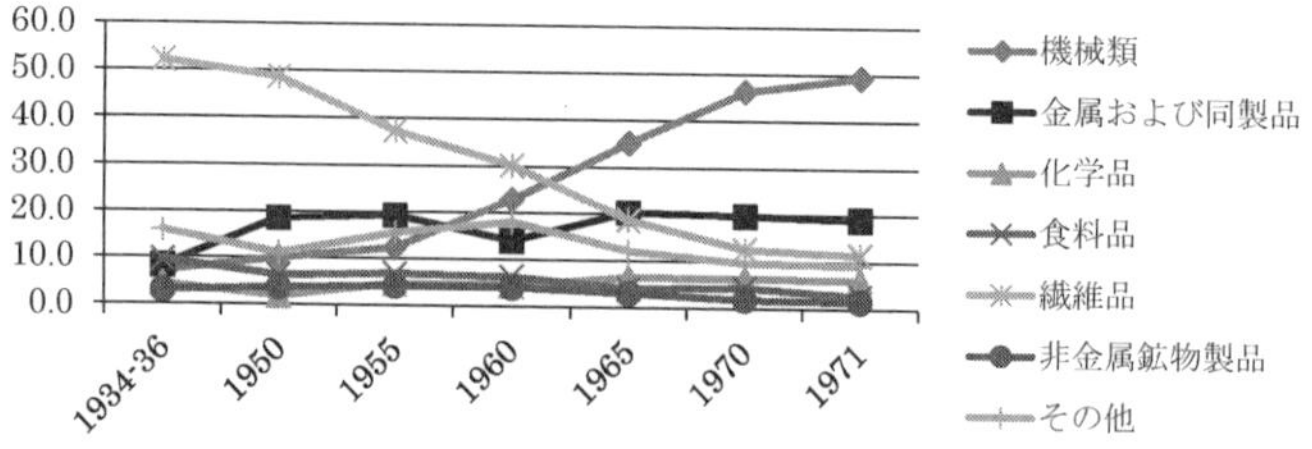

（出所）「通商白書」各年版より作成

図1　商品類別輸出構成比率（%）

長したからである。具体的には図1で示すように、繊維品は一九三四―三六年には輸出総額の約五二%のシェアから下降し、一九七〇年には約一三%に留まり、機械類は一九三四―三六年にはわずか約七%のシェアから一九七〇年には約四六%にまで急上昇している。

(2)　輸入品目の変化

輸出品目に変化が現れたように、輸入品目の主役である繊維原料が下降傾向になり、逆に原油が含まれる鉱物性燃料が増加傾向を示し主役が交代している。その背景をあげれば二つある。一つは、我が国の得意とする垂直的貿易の代表である繊維品の国際競争力が低下し、繊維原料の輸入が減少したこと。二つめは、産業構造の高度化に伴い重工業化が進展し、電力等のエネルギー政策が変更されたことである。前者の事例として繊維原料を取り上げる。我が国の得意とする加工貿易は、戦前より繊維原料を外国から輸入し、国内で繊維品に加工し、外国に輸出

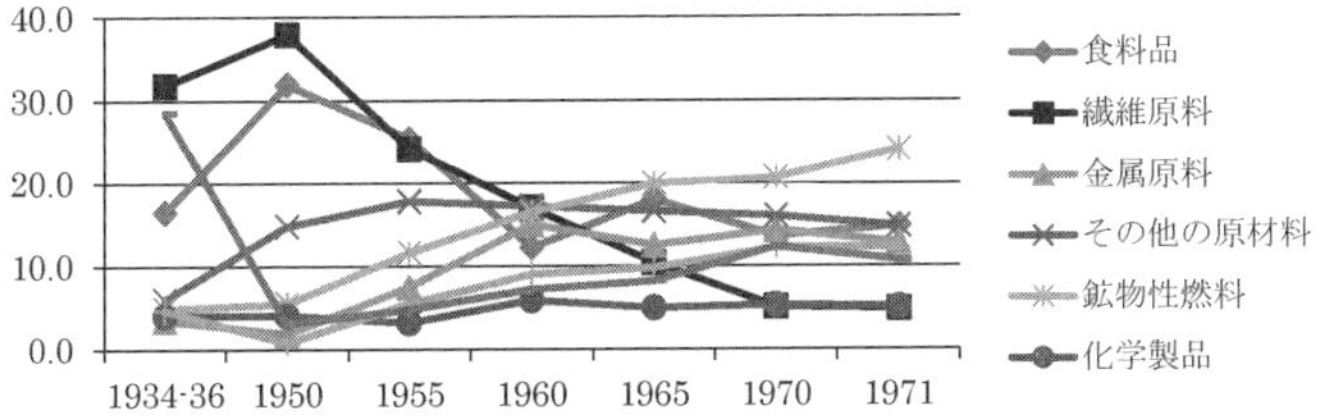

（出所）「通商白書」各年版より作成

図２　商品類別輸出構成比率(％)

するシステムである。したがって、図2で示すように、繊維品の原料である繊維原料は一九三四―三六年には輸入総額の約三二%、一九五〇年には約三八%と高シェアを維持したものの、輸出品の主役である繊維品の輸出量が減少に向かうと、繊維原料のシェアも下降し始め、一九七〇年には繊維原料のシェアは約五%にまで下降している。これは発展途上国のキャッチアップ政策による繊維品の輸出が始まると、我が国の繊維品は瞬く間に競争劣位となり、国際競争力を失い、原油を原料とする合成繊維製品の製造に重点を移したからである。つぎに、後者の事例として鉱物性燃料を取り上げる。一九五〇年以降に鉱物性燃料の輸入が急増している要因は、我が国政府のエネルギー政策の大転換にある。これは我が国の産業競争力を高めるために、安定かつ豊富な電力供給が不可欠であり、そのためには従来の水力発電所から火力発電所へ比重を移し、また火力発電所の原料も石炭から石油への切り替えを促したエネルギー政策の変更により原油の輸入量が増加している。さらに新たな輸送手段として自動車需要の拡大が鉱物性燃料の増加に拍車をかけ、鉱物性燃料は一九五〇年には輸入総額の約五％であったものが、一九六五年には約二〇％にまで急増している。

四　山下埠頭再開発

横浜市では、将来の横浜の都市づくりの将来計画として、二〇一五年二月に「横浜市都市臨海部再生マスタープラン」を発表している。この計画範囲は、東神奈川臨海部周辺地区、横浜駅周辺地区、みなとみらい21地区、関内・関外地区、山下埠頭周辺地区の五つの地区である。とくに山下埠頭周辺地区は、港湾物流地域であった山下埠頭を観光、ＭＩＣＥ機能を持つ埠頭に転換することを意味している。すなわち、我が国製造業者の輸出入拠点から新産業の拠点へ転換することである。さらに横浜市は、これら五つの地区に対して横浜の都市機能を高めるため三つの視点を強化することを検討している。一つは、横浜の経済を活性化させるために、グローバル企業、人材を積極的に誘致し、先端技術や研究開発の集積都市として国際ビジネスを展開することである。二つめは、海外からのインバウンド需要を積極的に受け入れるためにホスピタリティを強化することである。そして三つめは、横浜の持つ文化芸術の国内外への発信とアジア各国との相互理解や国際交流の促進を図るためにクリエイティビティ（文化芸術活動、映像、コンテンツ制作、デザイン）を強化することである。したがって、山下埠頭周辺地区は、とくにホスピタリティを強化する役割を担っている。

(1) 横浜市への観光・コンベンションの現状

横浜市は、観光・コンベンション機能を強化するために、現状分析を行っている。まず観光である。横浜市を訪れる観光客は、表3が示すように、日帰り客が約七六％と多く、宿泊する観光客でも市内宿泊は約一七％、市外宿泊は約七％である。日帰り客の内訳は表4が示しているように、神奈川県内が約四四％、つぎに東京都が約一七％、埼玉県が約七％、千葉県が約五％で首都圏内から約七三％になる。すなわち、横浜を訪れる観光客は、交通機関の発達とともに宿泊する観光客が少なく、日帰り旅行先として認知されていることがわかる。また最近のインバウンド需要の高まりにより地方都市は潤っているが、横浜ではその恩恵が少ない。それは宿泊する外国人の旅行者が、宿泊客全体の約一割程度であり、

表3　2014年横浜市内観光客の状況（日帰り・宿泊別）

日帰り	75.8%
市内宿泊	17.1%
市外宿泊	7.2%
合計	100.0%

（出典）　横浜市観光動態消費動向調査（2014）

表4　2014年横浜市内観光客の状況（居住地別）

都道府県名	比率
神奈川県	44.1%
東京都	16.9%
埼玉県	7.1%
千葉県	5.2%
その他	26.7%
合計	100.0%

（出典）　横浜市観光動態消費動向調査（2014）

インバウンド需要の恩恵はあまり受けてはいない。[6] このことから山下埠頭再開発では、新たなインバウンド需要を創出するために、リゾート施設の誘致を目指している。

つぎにコンベンションである。二〇一三年の都市別の国際会議開催実績から参加者数で一番多い都市は、東京（二三区内）の二九万八四七三人で、つぎに横浜市で二二万八五五九人、福岡市の一一万九九二七人、大阪市一一万六六二二人、京都市九万六〇二〇人の順番である。[7] 東京、横浜が飛びぬけて多いのがわかる。横浜市ではパシフィコ横浜にコンベンション施設があるが、約七割の稼働率が示すように、日程的にはほぼ余裕がない稼働状況である。[8] またパシフィコ横浜の収容人数は五千人であり、世界的に有名なシンガポールのエキスポでは八千人、韓国のソウルにあるコエックスは七千人の規模があることから、今後コンベンション需要が高まることを想定している。したがって、山下埠頭の再開発では、一万人が収容できる国際会議場を整備することを目指している。

おわりに

横浜港の開港した年である一八五九年から現在に至る一六〇年間を大きく三つに分類してきた。その変化を纏めれば以下の通りである。

まず開港時の状況である。当時は鎖国政策（長崎を除く）を維持してこともあり、付加価値の高い産業が育成されていなかったこともあり、第一次産品である生糸・茶等を輸出することから始まった。これは雁行型経済発展論の雁行副次型でいう農業品からスタートしていることを示すものである。しかし生糸貿易が盛んになり、第一次産業である農業が伸張しただけではなく、地方の農産地から横浜に至る輸送ルートが整備され、その輸送ルートは明治時代になると鉄道輸送に振り替えられ、近代日本経済の発展の礎になったことも指摘しておきたい。つぎに、第二次世界大戦後の横浜港がどのように変化したのかということである。終戦後の我が国の経済政策は、復旧・復興を早期に進めるため産業振興政策を推進している。その狙いは、我が国の製品を外国市場に供給し、外貨を得ることで経済復興を遂げようとするものである。しかしながら、輸出拠点である港湾施設の整備が間に合わず、船混み現象という社会問題になるほど注目された事象が発生した。その時期の横浜港では山下埠頭が、主要外国航路の船舶が着岸する埠頭であり、大きな役割を果たしてきたが、その後コンテナ化が進展し、山下埠頭の存在意義が大きく薄れることになった。当時の日本経済は、雁行型経済発展論の雁行副次型にあてはめれば、軽工業中心から重化学工業に転換している時期でもあり、大量の工業品が外国に輸出していた時代でもある。すなわち大量輸送できるコンテナ船にシフトせざると得なかったと言える。

最後に、山下埠頭の再開発に触れる。二〇一五年二月に横浜市は、「横浜市都市臨海部再生マスタープラン」を発表している。そのプランは、港湾機能に特化していた山下埠頭が、ＭＩＣＥ機能を有する埠頭に転換することである。すなわち、港湾物流機能を中心として発展してきた埠頭を、次世代に向けてさらに進化、発展させるために再開発することであり、港の姿がまた一つ変わることを意味しているのである。

参考文献

赤松要「わが国産業発展の雁行形態――機械器具工業について――」『一橋論叢』三六巻五号、一九五六年
小島清『雁行型経済発展論［第一巻］日本経済・アジア経済・世界経済』文眞堂、二〇〇三年
小林照夫『日本の港の歴史――その現実と課題――』成山堂書店、一九九九年
港湾労働経済研究所編『本間創業百年史』本間船舶作業、一九八四年
コンテナ輸送研究会『コンテナ輸送のポイント一〇年の歩み』日本海事新聞社、一九七八年
日本港運協会『日本港運協会三十五年の歩み』一九八三年
日本港運協会『日本港湾史』一九七八年
横浜市港湾局『横浜港史　各論編』一九八九年
横浜市政策局政策課「横浜市注記四か年計画二〇一八―二〇二一」二〇一八年
横浜市都市整備企画課『横浜市都市臨海部再生マスタープラン』二〇一五年

注

（1）ＭＩＣＥとは、企業等の会議（Meeting）、企業等が実施する報奨・研修旅行、国際機関、団体、学会が行う会議、展示会・見本市、イベントの頭文字を取った造語であり、横浜市では「グローバルＭＩＣ

E都市」を表明している。

（2）運上所とは、現在の税関に該当する組織である。当時の幕府は、外国貿易により幕府財政の立て直しを図ろうとしていたため、輸出貨物の取締りを含めて、外国関税の徴収は、重要な役割を持っていた。

（3）波止場とは、防波効果を持ち、陸地から沖合へ突き出ている突堤式埠頭のことである。当時の横浜港では、外国船舶は沖合に停泊し、小舟により波止場から外国船舶を往復することにより貨物を運ぶ。波止場では直接荷役になるが、沖合に停泊している外国船舶では沖荷役になる。

（4）当時の生糸の生産地は、奥州地域が全体の約四六％、上州が約二一％、信州が約一〇％であり、これらの地域で七七％を占めていた。

（5）山下埠頭整備事業の第一期事業は、一九五三―一九五五年に一万五〇〇〇トン級バースの建設に始まり、第二期事業は、一九五五―一九五八年に物揚場、桟橋設置工事、浚渫工事が行われ、最終の第三期事業は、一九五九―一九六二年に一万トン級七バース、二万トン級一バースの建設を実施している。

（6）横浜市山下ふ頭開発基本計画の市内延宿泊客数・外国人延べ宿泊客数（二〇一三年）、一二頁参照。

（7）横浜市山下ふ頭開発基本計画の都市別国際会議開催実績（二〇一三年）、一三頁参照。

（8）横浜市山下ふ頭開発基本計画のパシフィコ横浜の稼働状況（二〇一四年）、一三頁参照。

ＭＩＣＥ誘致・開催に向けたポイント

―主に「Ｍ＆Ｉ」について、都市・地域およびサプライヤーの立場から―

羽田耕治

はじめに

今回の講座では、国際的なレベルで開催される、言わば「インバウンドＭＩＣＥ」について、とりわけ個別企業が主催することからその実態がよくわからない。しかし市場規模は非常に大きいとされる「Ｍ」および「Ｉ」を中心にお話しします。それもＭＩＣＥを誘致・開催する都市・地域、そしてそれぞれの都市・地域に立地し、ＭＩＣＥ関連ビジネスに取組むサプライヤーの立場からＭ・Ｉの誘致・開催に向けたポイントを説明します。

なお、「都市・地域の立場から」という言葉は自治体および実務としてＭＩＣＥの誘致・開催に携わる観光協会・観光コンベンションビューロー（呼称は都市・地域によって様々）組織の立場からであると理解してください。また「サプライヤー」とは、ＭＩＣＥの誘致・開催に関わる諸々のサービスをビジネスとして提供する会議・展示施設運営事業者、ＭＩＣＥの企画・運営全般にわたる業務を手がけるＰＣＯ、ホテル等宿泊事業者、旅行会社、交通事業者、広告会社、会場装飾会社等々を指します。

一　Ｍ・Ｉの誘致・開催に向けた八つのポイント

Ｍ・Ｉの誘致・開催については、前述したとおり個別企業が主催することから情報が外に出てこないために実態がよくわからない。したがって誘致しようにも取組み方がわからないという都市・地域が多いのが実情です。「ＭＩＣＥの誘致」を掲げていても、実体は「Ｃ・Ｅ」に対象が限られていたというのが正直なところです。（公財）東京観光財団などが近年、ようやく力を入れ始めましたが、現状、ほとんどの都市・地域において「Ｃ・ＥばかりではなくＭ・Ｉにも注力しなければいけない」という問題意識がようやく芽生え始めた段階であると言って良いでしょう。そもそも国土交通省観光庁（以下、観光庁）がＭ・Ｉを重視し、実態把握のために各種調査に乗り出したのもここ数年のことです。

横浜商科大学が観光庁より二〇一八年度に受託・実施した「産学連携による観光産業の中核

ＭＩＣＥの世界へようこそ
―Ｍ＆Ｉビジネスへの誘い―

人材育成・強化事業」の一環で作成した「ＭＩＣＥの世界へようこそ―Ｍ＆Ｉビジネスへの誘い―」という冊子は、地方圏の自治体や観光コンベンションビューローから「（どのように取組んだら良いか、わからない）Ｍ・Ｉ誘致・開催に資する貴重な資料」との評価をいただき、そうしたところから大学への送付依頼が目立ちました。実際、Ｍ・Ｉに関する文献・資料は乏しく、これまで我が国でＭＩＣＥ関係の機関・業界団体から刊行されている資料もＣ・Ｅの誘致・開催に関わるものばかりです。

　そこで横浜商科大学では、これも前記「二〇一八年度産学連携による観光産業の中核人材育成・強化事業」の一環で「ＭＩＣＥビジネス中核人材育成・強化事業に関わる研究委員会[1]」を設け、国際的レベルでＭ・Ｉを主催する企業に所属するミーティングプランナーの方や、長年にわたりＭ・Ｉの誘致・開催に関わってきた旅行会社・ＰＣＯ・展示会議施設運営事業者等の方々の参画を仰ぎ、Ｍ・Ｉの誘致・開催のありように関する議論、研究を重ねて来ました。その成果と、またＭ・Ｉビジネス関係者に対して個別に行ってきたヒアリング調査の結果も踏まえると、数あるポイントの中でも、Ｍ・Ｉの誘致・開催促進に向けては次の八点を主要なものとしてあげることができます。

①行政の積極的な取組み・関与、そしてＭ・Ｉ振興戦略の策定
②都市・地域ぐるみでの「歓迎・歓待」雰囲気の醸成
③他都市・地域との連携
④明快かつ的確なターゲッティングとデータベースの整備
⑤ユニークベニューの活用と感動体験を演出したプログラムの企画・提案
⑥ＳＤＧｓ・ＣＳＲを重視したプログラムの企画・提案
⑦企業の課題解決となり、投資効果等に配慮したプログラムの企画・提案
⑧スピード感のある問い合わせ対応

ＭＩＣＥのみならず外国人観光客の誘致をめぐっては世界的規模での都市間競争・地域間競争となっています。言わば都市・地域としての総力戦です。それだけに自治体・観光協会、サプライヤー相互の密な協力・連携が必要不可欠です。このような認識の下に、前述した八つのポイントについて、「都市・地域の立場からみたＭ・Ｉ誘致・開催のポイント」、「都市・地域

およびサプライヤーの双方に関わるM・I誘致・開催のポイント」、「サプライヤーの立場からみたM・I誘致・開催のポイント」に分けてみていきます。ただし、これらは明確に区分できるものではありません。ここではあえてわかりやすくするために三つの範疇に分けていることに留意していただきたいと思います。

二　都市・地域の立場からみたM・I誘致・開催のポイント

(1)　行政の積極的な取組み・関与、そしてM・I振興戦略の策定

MICEの誘致に向けて、その開催に関わる補助・助成金制度を設けている都市・地域は少なくありません。横浜市や京都市、神戸市等々、観光コンベンションビューローを介して取組むケースが目立ちますが、栃木県日光市のように市行政が直接取組むケースもあり、その形態や内容は様々です。

ただ、企業主催のM・Iも含んだMICE開催補助を謳いながら、「営利を目的とするものは対象外」とする意味不明というか、中途半端な制度を設けている例もみられます。これではMに関しては例えば企業による社会貢献・地域貢献等「非営利」活動に関する会議しか対象とならないでしょう。グローバル企業が世界各国から経営幹部や関係者を集めて行う、経営の意思決定やその説明に関わるミーティング等は対象外となります。ましてIはほとんど企業の営

利活動そのものですから対象外でしょう。M・Iに関して理解されていない典型と言えます。

このように企業が主催者となるM・Iへの対応、その誘致や開催へ向けた取組みについては「個別企業の利益につながりかねない」という理由で、行政は消極的になりがちです。「営利を目的とするものは対象外」とするケースなどはそうした姿勢の象徴と言えます。

こうした一方で名古屋市のように、(公財)名古屋観光コンベンションビューローとしてM・Iに特化させ、海外からの企業ミーティングおよびインセンティブ旅行催行費用を助成する「大型インセンティブ旅行等開催助成金」、また海外の企業・団体等が実施する研修・視察旅行費用を助成する「研修・視察旅行等誘致推進事業助成金制度」を創設している例も出てきています。名古屋市では「交流人口の増加と地域経済の活性化等に寄与する」という認識の下にM・Iを意識した助成金制度を設けているのです[2]。

さらに誘致活動を展開するに当たって、Cの場合にはその主体は開催主体ともなる国内の学会・協会等です。Eについても内外の業界団体・協会等が誘致主体であり、開催主体でもあります。しかしM・Iについては開催する主体は個別企業ですから、組織的な誘致活動を進める主体は存在しません。個々のサプライヤーが取組むには限界があります。観光協会・観光コンベンションビューローとともに行政が関与しなければ誘致活動自体が成立しなくなります。この点からも、さらに開催に伴う地域経済効果・社会効果を考えれば、M・Iの誘致・開催に向け、行政は積極的に取組み、関与して良いと思われます。まして例えばユニークベニューの発掘やユニークベニューとしての公共施設・公共空間の活用に際しての規制緩和対応は行政による関与が欠かせません。

以上のような認識の下、行政にはまずは自都市・地域におけるＭ・Ｉの振興戦略を策定し、次節・次項以下で述べるような取組みについて具体的な「絵」を描き、Ｍ・Ｉの誘致・開催を促進していくことが求められます。

(2) 都市・地域ぐるみでの「歓迎・歓待」雰囲気の醸成

東京二〇二〇オリンピック・パラリンピック競技大会の東京への招致が決まったアルゼンチン・ブエノスアイレスでのＩＯＣ総会において、「招致“Cool Tokyo”アンバサダー」として滝川クリステル氏が行った最終プレゼンテーションの中で使用された「おもてなし」という言葉は、二〇一三年の「新語・流行語大賞」の一つに選ばれるほど話題となりました。これはオリンピック・パラリンピックという一大「Ｅ」の誘致へ向け、都市・地域ぐるみで歓迎・歓待するということを強調する意味で発されたものですが、Ｍ・Ｉにおいても同様でしょう。主催者はもちろん参加者の誰しもが開催地あげての歓迎・歓待を受ければ、まして「一企業」のＭ・Ｉということであれば歓迎・歓待されることに驚き、感激することでしょう。

開催地となる都市・地域をあげた「ウェルカム雰囲気」の醸成が大切で、そこでは市民ひとり一人の参加が期待されます。誘致活動における祭り・芸能イベント等の担い手としの参加、開催に先立つ出迎えなど、市民ひとり一人がどのように関わることができるか、そして自らも楽しむことができるか、積極的に考えていくことがＭ・Ｉをとおした活気と魅力ある都市づくり、地域づくりにつながると思います。

(3) 他都市・地域との連携

Ｉについては、報奨旅行や研修旅行など「旅行」を伴うことが多いため、特定の一都市・地域に留まることなく複数の都市・地域を周遊するタイプのものが目立ちます。実際、例えばパーティイベントは東京で行い、沖縄へ周遊観光に向かう例がみられることから、東京都では誘致活動等の共同実施も含めて国内の他都市・地域との連携に取組んでいます。

このように、国内の他都市・地域と連携して相互補完による多様で魅力的なプログラムを主催者に提案することにより訴求力は強まります。自都市・地域での完結にとらわれることなく、相乗・補完を意識したＭ・Ｉの誘致活動が求められます。ここでも前述した「行政の積極的な関与」は必須と言えます。

三　都市・地域およびサプライヤーの双方に関わるM・I誘致・開催のポイント

(1)　明快かつ的確なターゲッティングとデータベースの整備

M・Iと一口に言っても、主催する企業の業種・規模等により内容は様々です。またIの場合には様々な業種がある中でIを比較的多く催行する業種があります。例えば保険業、メーカー(自動車・家電・機械・製薬・飲料等)およびその販売代理業、ネットワーク販売系等々です。

M・Iの誘致・開催を促進するためには、これらを踏まえ、同時に自都市・地域や事業体の特性、対応可能性を十分考慮したものとする必要があります。マーケティングで言うターゲッティングとポジショニングです。ポジショニングの問題を都市・地域レベルでとらえれば、国際交通アクセスの利便性、産業・企業の集積状況と技術力・創造開発力、会議施設の数と収容規模、宿泊施設の質量、観光魅力度、飲食・ショッピング魅力度、組織的サポート体制等です。また個々のサプライヤー、例えばホテルの立場でとらえれば会議室や宴会場はもちろん、保有する客室のレベルと数の問題等です。ちなみに東京都心部に立地する、ヒルトンホテルグループの最高級ブランドホテルであるコンラッド東京は総客室数二九〇室のうち、一般的なホテルのツインルームの二、三倍に相当する、広さ七二平方メートルの客室を六三室も有しています。これは経営幹部等を多数集める企業ミーティングにおいて、ハイグレードで、しかも(客室間・利用客同士で格差が生じないように)均一の客室の提供を要望する企業側のニーズを十分に満たすものであり、そのようなＭの誘致に際して大きな強みとなります。

このようなポジショニングをはっきりさせて、ターゲッティングの明確化に入ります。例を示した方がやはりわかりやすいでしょうから、やや長くなりますが、東京都の例を紹介します。

東京都では二〇一五年に「東京都ＭＩＣＥ誘致戦略―揺るぎないプレゼンスの確立を目指して―」を策定しています。[3] おおむね十年後の二〇二四年を目途とした戦略で、そこでは「東京都では顧客や取引先とのネットワーク構築・強化等が開催地決定の決め手となることから、誘致にあたっては、グローバルビジネスを展開する欧米や経済成長が続くアジアを中心に、以下の企業に対して重点的なアプローチを進める」とし、ＭＩＣＥの中でＭ・Ｉについては、概略、次のようにターゲットを設定し、取組むことを掲げました。

〈企業系会議（Ｍ）〉

・対象とする主な企業は、東京の洗練された巨大市場への参入を目指すグローバル企業や都内企業が持つ高い技術力や独創的なサービスとの連携を目指す企業。東京でのビジネス拡大やネットワーク構築を目指す海外企業（海外拠点等を有する国内企業も含む）とし、主な業種としては、既に産業の集積があり、東京が強みとする情報通信、金融業や、東京都が重点的な育成を目指す健康・医療、環境・エネルギー、危機管理、ロボットなどの成長産業分野に属する業種とする。

・主な形態としては、エリア間の情報交換や経営戦略等の共有を図るために行われる企業上層部による役員会や経営会議等とする。

〈報奨・研修旅行（Ｉ）〉

・対象とする主な企業は、価格面でアジア諸都市との競争に東京が勝ち残ることは難しいことから、開催地の決定においてコストよりも東京の都市としての多様な魅力を重視する海外企業（海外拠点等を有する国内企業も含む）、高品質なサービスや安心・安全、快適さなど、東京の魅力や投資に対する価値を重視する企業とする。また、東京二〇二〇オリンピック・パラリンピック競技大会に向けて世界から注目を集める機会を生かし、公式スポンサー、大会開催に関連する企業など、大会を機に報奨旅行の開催が見込まれる企業とする。

・主な形態としては、販売成績優秀者を対象とした報奨旅行等とする。

このようにターゲット企業・業種を設定した上で、Ｍ・Ｉともに「企業系会議や報奨・研修旅行の開催地決定に影響力のある主催者等のキーパーソンに対して、引き続き、視察の機会を提供するとともに、東京ならではのアトラクションの提供等を確約することで、誘致決定につなげていく」と謳っています。[4]

ただしこうした取組みを今後に生かしていくにはＭ・Ｉ誘致・開催に関わるデータベースの整備が不可欠となります。現状、Ｃ・Ｅについてはその誘致・開催実績情報は蓄積されてきていますが、繰り返し述べるとおり、Ｍ・Ｉに関しては個々の企業が主催者であるためにその開催情報が「外」にはなかなか出てきません。個々のサプライヤーが手がけた事案の実績情報がそれぞれ個々のレベルで蓄積されているに留まるのが実情です。これでは世界規模での都市間競争・地域間競争、都市・地域としての総力戦に勝てるとは思えません。企業名は除外するとしても、主催企業の本社・本部所在国と業種（日本標準産業分類で言えば、食料品製造業や鉄鋼業といった「中分類」レベルで必要）・開催目的・参加者数・開催地選定要因・開催決定権限者の役職等・旅程（日程プログラムと行程）と滞在期間・消費額推計・使用会場タイプ等々、きちんと記録に残し、蓄積する必要があります。そのためには個々のサプライヤー自身がこういった情報を観光協会・観光コンベンションビューローなりに提供する姿勢が求められます。それがひいては自身にプラスとなって返ってきます。

「インバウンドＭ・Ｉ」を実施する日本企業においても少なくても地域貢献・社会貢献に資するＭ・Ｉについては、その情報を自ら広報活動として積極的に公表する姿勢が望まれます。

(2) ユニークベニューの活用と感動体験を演出したプログラムの企画・提案

Ｍ・Ｉを実施しようとするグローバル企業、あるいは当該企業にＭ・Ｉを企画・提案するミーティングプランナーや、Ｉの企画提案をビジネスとして行っているインセンティブハウス[5]が、我が国や開催都市・地域に期待することは何でしょうか。東京や沖縄、そしてシンガポールやタイなど、ＭＩＣＥ誘致に努める都市・国がはじめに掲げ、訴求することは「（その都市・国が）ＭＩＣＥ開催地として選ばれる理由」です。そしてそれはおしなべて先にも紹介したポジショニングに関わる「国際交通アクセスの利便性や宿泊施設の質量、観光魅力、飲食・ショッピング魅力等」における、自己評価での比較優位性です。確かにこれらは重要な要素ですが、Ｉについて言えば（また、ＩもＭと同時に行われる近年の世界的な傾向を踏まえると）、これまでは「純粋報奨型」が多かったものが、今やモチベーションの刺激や共同参画意識および帰属意識などエンゲージメントの向上など、今後の事業展開につながる成果を求めるように変わってきています。これには「純粋報奨旅行実施」という内容の企業支出が税制上から規制・抑制されつつあるという事情も影響しています。それはともかく、ここではモチベーションの刺激や共同参画意識や帰属意識などエンゲージメントの向上をもたらしてくれるＭ・Ｉプログラムであるか否かが誘致の可否に大きく影響してきているということが重要です。

そこで決定的に求められてくることが、我が国、そして開催都市・地域において参加者が共通して非日常を体験することで享受できる感動体験「ＷＯＷ」であり、そのことから派生するであろう新たなアイデア・創造力の向上です。ユニークベニューが重視される理由がここにあります。いかにユニークベニューの活用と感動体験を演出したプログラムを企画・提案することができるか、これが大きなポイントです。

なお、ユニークベニューの意味と意義、活用例、活用に関わる課題等は、本書別稿で綛田はるみ教授が詳しく説明・論述されるので、そちらを参照していただきたく思います。

(3) ＳＤＧｓ・ＣＳＲを重視したプログラムの企画・提案

「ＳＤＧｓ」、つまり二〇一五年九月の国連サミットで採択された、「持続可能な開発のための二〇三〇アジェンダ」にある二〇三〇年に向けた国際的に実現を図るべき目標です。「貧困をなくす」「飢餓をゼロにする」「すべての人に健康と福祉を」等の一七のゴールを設定し、一六九のターゲット（達成目標）を定めています。先進国や開発途上国を問わず、政府、企業、そして私たち市民に共通して課せられた目標であり、約束事です。したがってＳＤＧｓはＭＩＣＥビジネスに取組む際にも近年の重要なキーワードとなっています。

様々な企業課題の解決を図るＭにおいては、企業課題の一つであるＳＤＧｓ達成に資するミーティングが重視されています。Ｉについても Ｉ の専門家・組織から構成される世界的な団体の「ＳＩＴＥ」(Society for Incentive Travel Excellence)のユーザーの大半からＣＳＲ活動を含んだ持続可能なプログラムがインセンティブプログラムで最も重視されるものとして取り上げられています。

実際、海外では参加者が地域の環境問題・社会福祉等の活動に携わるＭ・Ｉプログラムが提供される例が目立ちます。シンガポールのシンガポール・エキシビション・アンド・コンベンションビューロー（ＳＥＣＢ：Singapore Exhibition & Convention Bureau）では、ＭＩＣＥ主催者向けの訴求要素として「持続可能なイベントのプランニング」を打ち出し、環境に優しいとする交通輸送手段や環境に配慮した様々な会場施設、社会貢献・ボランティア参加型のインセンティブプログラムを紹介しています。さらにまた、持続可能なイベントのプランニングを支援する専門的な企業も案内しています[6]。

ＣＳＲという面からとらえると、Ｍ・Ｉを主催する企業は、地域・社会の諸課題を解決するＣＳＲ活動をとおして、様々なステークホルダーや消費者にその社会的な存在価値を示すことを狙っています。Ｍ・ＩについてもＣＳＲ活動を取り入れ、社員やステークホルダーのロイヤルティーやエンゲージメントを高めていこうとしているので、そうした要素を組み込んだＭ・Ｉプログラムの企画・提案が求められてきます。そのようなものであれば、企業主催のＭ・Ｉであっても開催地住民のＭ・Ｉ開催に対する理解促進につながり、先に述べた「都市・地域ぐるみの歓迎・歓待雰囲気」も醸成されるでしょう。

(4) 企業の課題解決となり、投資効果等に配慮したプログラムの企画・提案

地域貢献・社会貢献、そして販売促進や組織の活性化等、企業が抱える経営課題は様々であり、Ｍ・Ｉの開催は企業にとってそうした経営課題を解決する手法であり、場です。ターゲット企業にＭ・Ｉ開催を働きかけるに当たっては、このような観点から「企業研究」を行い、当該企業の経営課題の解決に資するプログラムを企画・提案する必要があります。また業種によっては当該業種ならではの「コンプライアンス」が存在するので、そうした事項にも留意しなければなりません。その上で、当該企業にとっての「ＲＯＩ」(Return on Investment)、投資効果・価値はどうなのか⁉という判断です。説得力のある論理的な提案が求められてきます。

四 サプライヤーの立場からみたＭ・Ｉ誘致・開催のポイント――スピード感のある問い合わせ対応

Ｍ・Ｉの誘致・開催に向けて、個々のサプライヤーに求められることは、まずはスピード感のある問い合わせ対応です。

Ｍ・Ｉはその開催が決定されてから実際に開催されるまでの期間がＣ・Ｅに比べると比較的短いことが特徴です。誘致・開催をめぐっては、言わば短期決戦、それだけ即効性は高いと言えます。しかし半面で、ミーティングプランナーやインセンティブハウス、関連事業者等から

の様々な問い合わせも開催九カ月～一二カ前と比較的間近のものが多いとされています。それだけにそうした問い合わせの回答に何日も要するようでは打診・確認依頼は打ち切られることとなります。機会損失を防ぐには素早いレスポンス、スピード感ある問い合わせ対応が大切です。これには英語でのコミュニケーション力が必須となります。

日本のサプライヤーは往々にレスポンスが遅いとされます。英語でのコミュニケーション力の問題もあるのでしょうが、関係部署間の調整、役職者への確認に時間を要するといった類いの問題が実際にあります。この点、現場、そして現場担当者の権限を明確にする、現場担当者の判断をリスペクトする、「上」の責任者が負うべき責任を自らきちんととるということを組織内で明らかにし、上下間の信頼関係が築かれた組織風土をつくることが何よりも重要です。

企業に限らず組織でよく「報・連・相を徹底するように」という言葉が「上」から発せられますが、そういう組織ほど自分で物事を判断しない、責任逃れ、責任転嫁の人間しかつくらないのではないでしょうか。こうした組織では素早いレスポンスなど、期待しようがありません。これはコミュニケーション力の育成・涵養以前の問題であり、「上」の意識の問題だと思います。

本稿は二〇一九年七月二〇日に開催された「二〇一九年度　横浜商科大学公開講座」において「ＭＩＣＥ誘致・開催に向けたポイント―主に「Ｍ＆Ｉ」について、都市・地域およびサプライヤーの立場から―」として筆者が行った講義内容を大幅に加筆・修正したものである。

注

（1）「ＭＩＣＥビジネス中核人材育成・強化事業に関わる研究委員会」の構成は、以下のとおり。所属および肩書は二〇一八年度当時。

〈研究会委員〉

大崎慶司氏（（独）国際観光振興機構ＭＩＣＥプロモーション部次長）、小泉靖氏（（株）ＪＴＢ総合研究所研究理事ＭＩＣＥ戦略室長）、佐藤利幸氏（（株）横浜国際平和会議場総務部経営企画課長）、関口陽介氏（日本コンベンションサービス（株）ＭＩＣＥ都市研究所所長）、板東眞知子氏（（株）ＪＴＢ法人事業本部事業推進部コミュニケーション事業推進担当部長）、保坂恵子氏（ＭＰＩ・Japan・Chapter 副会長）、守屋邦彦氏（（公財）日本交通公社観光政策研究部主任研究員）

〈オブザーバー〉

井上学氏（国土交通省観光庁ＭＩＣＥ推進担当参事官）

〈研究会委員兼事務局〉

羽田耕治（横浜商科大学商学部観光マネジメント学科教授）、緫田はるみ（横浜商科大学商学部観光マネジメント学科教授）、竹田育広（横浜商科大学商学部観光マネジメント学科准教授）

（2）（公財）名古屋観光コンベンションビューロー　https://www.nagoya-info.jp/convention/meeting/

（3）東京都ＭＩＣＥ誘致戦略―揺るぎないプレゼンスの確立を目指して―（二〇一五年七月、東京都）

（4）同上。

（5）ミーティングプランナーやＤＭＣが発達している欧米では、「社内に「Ｍ・Ｉ」実施を所管する専門セクションを設ける」「社外のフリーランスのミーティングプランナーにプランニングを依頼する」「社外の専門会社（インセンティブハウス）にプランニングを依頼する」ケースなど様々である。

（6）　シンガポール・エキシビション・アンド・コンベンションビューロー
https://www.visitsingapore.com/mice/ja_jp/why-singapore/be-sustainable/#green-specialist

参考文献・資料

羽田耕治・綛田はるみ・竹田育広「ＭＩＣＥの世界へようこそ―Ｍ＆Ｉビジネスへの誘い―」、横浜商科大学、二〇一九年三月

(株)トラベルジャーナル「ＴＲＡＶＥＬ　ＬＯＵＲＮＡＬ」平成二九年一〇月二日、平成三〇年一〇月二九日、一一月一九日

執筆者紹介（執筆順）

竹田育広（たけだ　やすひろ）教授　サービス・マーケティング、サービス産業論、遊園地・テーマパーク経営

秋山友志（あきやま　ともゆき）特任講師　地域観光、観光まちづくり、着地型観光

大野正人（おおの　まさひと）教授　宿泊施設経営、観光旅行マーケティング、温泉地活性化

綛田はるみ（かせだ　はるみ）教授　国際協働、日本語教育、ホスピタリティマネジメント、インバウンド政策

恩田登志夫（おんだ　としお）特任教授　国際物流、ロジスティクス、国際貿易、港湾政策

羽田耕治（はだ　こうじ）名誉教授　観光地計画、観光地域づくり、産業観光

二〇二〇年三月二五日　印刷
二〇二〇年三月三〇日　発行

MICE攻略法

編　者　横浜商科大学公開講座委員会
発行者　松本訓子
発行所　株式会社　南窓社
東京都千代田区西神田二丁目四番六号
電話　〇三―三二六一―七六一七
E-mail nanso@nn.iij4u.or.jp
振替　〇〇一一〇―〇―九六三六二

ISBN978-4-8165-0451-8

横浜商科大学公開講座

1．情報化と社会
（日本図書館協会選定図書）
本体2000円

2．環境変化と組織・人間
（日本図書館協会選定図書）
本体2000円

3．転換期を考える
本体2000円

4．国際化時代の日本社会
本体2000円

5．「豊かさ」と社会
（日本図書館協会選定図書）
本体2800円

6．90年代の経済と市民
本体2300円

7．激動の時代を生きる
本体2621円

8．これからの世界と日本
本体3107円

9．新しい国際秩序と日本の役割
本体3107円

10．変革と挑戦の時代
本体3500円

11．日本の「いま」を問う
本体2900円

横浜商科大学公開講座

12. 転機に立つ日本
本体2800円

13. 日本の課題
本体2600円

14. 世紀転換期のビジネスと社会
本体2600円

15. 人と地球環境との調和
本体2600円

16. 21世紀へのツーリズム
本体2700円

17. 危機の時代と危機管理
本体2700円

18. IT 革命と新世紀の社会
本体2700円

19. 再考・東アジアの21世紀
本体2800円

20. グローバリゼーションの衝撃と課題
本体2800円

21. 民主主義の現在
本体2700円

22. 暮らしと文化の未来展望
本体2800円

23. アクティブ・シニアの時代を拓く
本体2600円

横浜商科大学公開講座

24. 検証・日本の実力
本体2600円

25. 日本のビジョン
本体2690円

26. 歴史研究から学ぶ
（日本図書館協会選定図書）
本体2690円

27. 現代社会の諸問題をキーワードで解く
本体2690円

28. インターナショナルな「地方」の視座
本体2750円

29. 震災後、日本のかたち
本体2750円

30. 日本の「いま」を見つめる
本体2690円

31. 実学「商い」の原点
本体2700円

32. 現代の課題　グローバル化とナショナリズム
本体2700円

33. 観光のインパクト
本体2600円

34. 最新の情報技術と私たちの暮らし
本体2600円

35. 高齢化社会における経済生活
本体2600円